Holt Spanish 1B

Cuaderno de vocabulario y gramática

Adapted Practice

HOLT, RINEHART AND WINSTON

A Harcourt Education Company

Orlando • **Austin** • New York • San Diego • Toronto • London

Contributing Writers
JoDee Costello
Josephine Schuler

Reviewer
Mayanne Wright

Table of Contents

Primera parte

1 Match the correct response from the box to each of the questions below.

_____ **1.** Hola, ¿cómo estás?

_____ **2.** ¿Cómo te llamas?

_____ **3.** ¿Quién es el muchacho?

_____ **4.** ¿De dónde eres?

_____ **5.** ¿Cuál es tu teléfono?

> **a.** Soy Ana.
> **b.** Es 214-2425.
> **c.** Soy de Cuba.
> **d.** Más o menos.
> **e.** Es un estudiante.

2 Look at the pictures of people in your school. Then write a sentence to say who each person is. Use the **modelo** as a guide.

Modelo:
estudiante

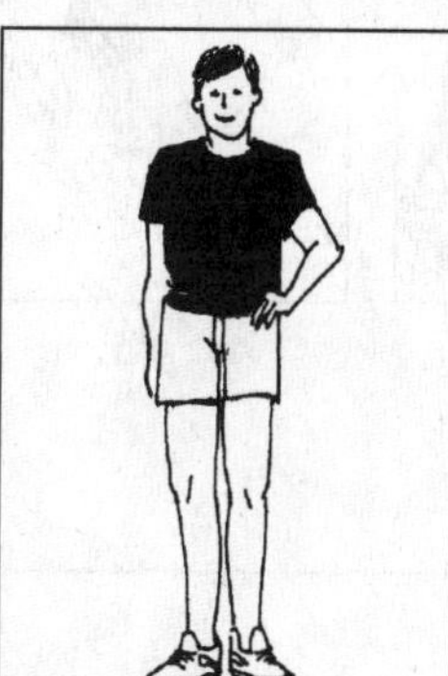

1. mi mejor amigo

2. mi profesora

3. estudiante

MODELO Él es estudiante.

1. ____

2. ____

3. ____

3 Write logical words in the blanks to complete the questions below.

1. ¿Cuál es el ___________________ ___________________ de Julio?
Es julio@hrw.cr.net.

2. ¿___________________ ___________________ eres? Soy de México.

3. ¿___________________ es tu ___________________? Es 546-7890.

4. ¿___________________ ___________________? Estoy bien, gracias.

5. ¿Cómo ___________________ ___________________ usted?
Me llamo Rosa Cortez.

6. ¿___________________ ___________________ la muchacha?
Ella es Marisa.

VOCABULARIO 1

4 For each conversation below write **sí** if it is logical or **no** if it is not logical.

_____ **1.** —¿Cómo es Marisa? —Es mari@logo.com.

_____ **2.** —¿Eres romántico? —Es muy aburrido.

_____ **3.** —¿Cómo eres? —Soy un poco tímido.

_____ **4.** —¿Cómo se llama usted? —Soy Pedro Rulfo.

_____ **5.** —¿Cómo es la comida china? —Es seria.

5 Respond to each question or statement below to complete the conversation that goes with each picture. The first one has been done for you.

1.   **2.**   **3.**   **4.**

1. —Hola. ¿Cómo estás?
—Estoy bien, gracias. ¿Y tú?
____

2. —Buenos días, señora.
____
____

3. —Éste es Luis.
____
____

4. —¿De dónde eres?
____
____

6 Circle the words in parentheses that best complete Samuel's description.

Me **(1)**(llamas / llamo) Samuel y **(2)** (soy / eres) de Iowa.

Mi profesor de español es el **(3)** (señor / señora) García.

Mi **(4)** (mejor / bueno) amigo se llama David. Es **(5)** (más / muy)

inteligente. **(6)** (Cómo / También) es un poco tímido.

Primera parte

CAPÍTULO
P ◆

GRAMÁTICA 1

The verbs *ser* and *estar*

- Use the irregular verb **ser** to describe or identify someone.

soy	I am	**somos**	we are
eres	you are	**sois**	you are
es	you are, he/she is	**son**	you/they are

> Ella **es** la profesora de español. **Es** simpática.
> *She is the Spanish teacher. She's friendly.*

- The verb **ser** followed by **de** tells where someone is from.

> Ellos **son de** Bolivia.
> *They are from Bolivia.*

- Use the irregular verb **estar** to say how someone feels.

estoy	I am	**estamos**	we are
estás	you are	**estáis**	you are
está	you are, he/she is	**están**	you/they are

> ¿Cómo **estás**? **Estoy** regular.
> *How are you? I'm so-so.*

- The verb **estar** followed by a preposition tells the relative location of someone or something.

> ¿Dónde está el gato? **Está debajo de** la cama.
> *Where is the cat? It's under the bed.*

---

7 Write the correct form of **ser** or **estar** to complete each sentence. Refer to the box above and the hints in parentheses to help you.

1. Mi amiga _________________________ de Washington. (where from)

2. Yo no _________________________ en mi casa. (location)

3. ¿Dónde _________________________ mis lápices? (location)

4. Mis cuadernos _________________________ azules. (description)

5. Tú _________________________ alta y pelirroja. (description)

6. ¿Ustedes _________________________ bien? (feelings)

7. Los muchachos _________________________ estudiantes. (identification)

8. Carolina y yo _________________________ en la piscina. (location)

9. Yo _________________________ bastante tímida. (description)

10. ¿Usted _________________________ el profesor de ciencias? (identification)

CAPÍTULO

P ◆

GRAMÁTICA 1

8 Choose a form of **estar** to say where these persons are.

_____ 1. Yo ___ cerca de la habitación.
   a. estoy   **b.** está

_____ 2. Tú ___ encima del sofá.
   a. están   **b.** estás

_____ 3. Mi papá ___ delante del escritorio.
   a. está   **b.** estamos

_____ 4. Mis hermanas ___ al lado de la puerta.
   a. estáis   **b.** están

_____ 5. Ustedes ___ lejos del patio.
   a. están   **b.** está

The verb *gustar*

• The verb **gustar** tells what someone likes. For just one thing, use **gusta.** For more than one thing, use **gustan.** Use these pronouns before **gustar** to say who likes something.

me gusta(n)	*I like*	**nos** gusta(n)	*we like*
te gusta(n)	*you (tú) like*	**os** gusta(n)	*you (vosotros) like*
le gusta(n)	*you (usted) like*	**les** gusta(n)	*you like (ustedes)*
le gusta(n)	*he/she/it likes*	**les** gusta(n)	*they like*

---

9 Choose the correct pronoun to complete these statements about what everyone likes.

1. (Óscar) ___________________________ (Le / Les) gusta la pizza.

2. (Silvia y yo) ___________________________ (Nos / Os) gusta la comida china.

3. (Carina y él) ___________________________ (Le / Les) gusta bailar.

4. (yo) ___________________________ (Me / Te) gusta ir al cine.

5. (tú) ___________________________ (Te / Le) gusta correr.

6. (usted) ___________________________ (Le / Les) gusta cantar.

10 Use **gusta** or **gustan** and the cues to say what these persons like. Follow the model.

MODELO me / comida mexicana **Me gusta la comida mexicana.**

1. les / hamburguesas ___________________________

2. les / fruta ___________________________

3. te / comer pizza ___________________________

4. le / las hamburguesas ___________________________

5. nos / comer mucho ___________________________

     4

CAPÍTULO
(P) ◆

GRAMÁTICA 1

The verb *tener*

- The verb **tener** is used to tell what someone has. The **e** in the stem becomes **ie** in all conjugations except **yo, nosotros,** and **vosotros.** The **yo** form drops the -**er** ending and adds -**go.**

yo	**tengo**	nosotros(as)	**tenemos**
tú	**tienes**	vosotros(as)	**tenéis**
usted/él/ella	**tiene**	ustedes/ellos/ellas	**tienen**

- The verb **tener** is used to form some common expressions.

tener que + infinitive	*to have to (do something)*
tener ganas de + infinitive	*to feel like (doing something)*
tener prisa	*to be in a hurry*
tener (mucha) hambre	*to be (very) hungry*
tener (mucha) sed	*to be (very) thirsty*

Tengo prisa porque es tarde. **Tengo que** salir.
I'm in a hurry because it's late. I have to go out.

---

11 Read each sentence below. Then match each one with the most logical response from the box to the right.

_____ 1. Hace calor.

_____ 2. Quiero tomar algo.

_____ 3. Tengo un examen mañana.

_____ 4. Quiero comer.

_____ 5. Es tarde.

> **a.** Tengo prisa.
> **b.** Tengo ganas de nadar.
> **c.** Tengo que estudiar.
> **d.** Tengo hambre.
> **e.** Tengo sed.

12 Complete each of the following sentences with the correct form of **tener** to tell what these people have.

1. Javier _________________________________ un libro de animales.

2. Sara y tú _________________________________ videojuegos.

3. Nosotros _________________________________ muchos juegos de mesa.

4. Tú _________________________________ unas revistas.

5. Rogelio y Alberto _________________________________ libros de aventuras.

6. Yo _________________________________ unos videos de amor.

Segunda parte

VOCABULARIO 2

13 Choose the best answer for each of the following questions. Use the underlined key words to help you.

_____ 1. ¿Qué quieres hacer hoy?
    a. Quiero montar en bicicleta.
    b. No, no quiero ir.

_____ 2. ¿A Juan le gusta pasear?
    a. Sí, le gusta pasear conmigo.
    b. Sí, porque le gusta hablar por teléfono.

_____ 3. ¿Qué vas a hacer el domingo próximo?
    a. Voy a ir al parque.
    b. Cuando hace buen tiempo, voy al parque.

_____ 4. ¿Qué tal si vamos al partido de béisbol?
    a. Muy bien. ¿Y tú?
    b. Claro que sí. Tengo ganas de ir.

14 Celeste meets up with her friend, Leo. Put their conversation in the most logical order by writing the numbers 1–6. The first one has been done for you.

_____ Ni idea.

_____ No, gracias. No quiero ir.

__1__ Hola, Leo. ¿Quieres ir al cine conmigo?

_____ ¿Qué quieres hacer hoy?

_____ Está bien.

_____ ¿Quieres ir al centro comercial?

15 Your friends are talking about things they do. Complete each sentence logically with a verb from the box.

ir	escribir	alquilar	navegar	jugar	hacer

MODELO Voy al centro comercial. Quiero **ir** de compras.

1. Me gustan los deportes. Quiero _______________ al básquetbol.

2. Me gustan las computadoras. Quiero _______________ por Internet.

3. Tengo amigos en México. Hoy voy a _______________ cartas.

4. Me gustan las películas. Voy a _______________ videos.

5. Mañana voy al colegio. Hoy voy a _______________ la tarea.

  (6)

VOCABULARIO 2

16 Read each pair of activities below. Can you do both of them at the same time? If you can, write **sí**. If you can't, write **no**.

_____ **1.** hacer ejercicio – escuchar música

_____ **2.** correr – nadar

_____ **3.** ver televisión – comer

_____ **4.** pasear – jugar a juegos de mesa

_____ **5.** leer – jugar al béisbol

_____ **6.** jugar al básquetbol – dibujar

_____ **7.** bailar – descansar

17 Look at the pictures below to see what these people like to do. Then write a verb or verb phrase to complete the sentences below.

señor Ávila

MODELO Le gusta **leer novelas y revistas.**

tú   los amigos   nosotros   mis tíos

1. Te gusta _______________________________.

2. Les gusta _______________________________.

3. Nos gusta _______________________________.

4. Les gusta _______________________________.

18 Answer the following questions.

1. ¿Qué haces los fines de semana? _______________________________

____

2. ¿Qué vas a hacer el domingo próximo? _______________________________

____

3. ¿Qué quieres hacer hoy? _______________________________

4. ¿Te gusta ir al centro comercial? _______________________________

Holt Spanish 1B   Cuaderno de vocabulario y gramática ◆

Segunda parte

Querer and *ir a* + infinitive

- Use the verb **querer** to talk about what someone wants or wants to do.
  The form of the verb varies depending on the subject.

yo	**quiero**	nosotros(as)	**queremos**
tú	**quieres**	vosotros(as)	**queréis**
usted/él/ella	**quiere**	ustedes/ellos/ellas	**quieren**

> **Quiero** una pizza.   **Queremos** comer.
> *I want a pizza.*   *We want to eat.*

- To talk about what someone is going to do, use **ir a** + an infinitive.

> **¿Vas a** estudiar mañana?   No, **voy a** salir.
> *Are you going to study tomorrow?*   *No, I'm going to go out.*

---

19 Choose the correct form of the verb **querer** to complete each sentence.

_____ 1. Víctor, ¿qué ___ comer hoy?
      a. quieres   **b.** quiero

_____ 2. Yo ___ una hamburguesa. ¿Y ustedes?
      a. quiero   **b.** quieren

_____ 3. Nosotros ___ una pizza.
      a. quieren   **b.** queremos

20 Write the correct form of **querer** to complete each of the sentences below.

1. Yo ______________________________ jugar al fútbol hoy.

2. Jacobo y Tony ______________________________ jugar al béisbol.

3. Pablo y yo ______________________________ jugar al béisbol mañana.

4. Elsa no ______________________________ jugar.

5. ¿Tú ______________________________ jugar al fútbol conmigo?

21 Tell what these persons are going to do. Use the correct form of **ir a** + an infinitive.

MODELO Nosotros (leer un libro) **Nosotros vamos a leer un libro.**

1. Ellas (ver televisión) ______________________________

2. ustedes (hablar por teléfono) ______________________________

____

3. mi papá (leer revistas) ______________________________

4. yo (montar en bicicleta) ______________________________

____

---

    (8)

GRAMÁTICA 2

Pronouns

- Some pronouns have different forms when they follow a preposition such as **a** *(to)*, **de** *(of, from)*, **con** *(with)*, and **en** *(in, on, at)*.

Subject	After a preposition
yo	**mí**
tú	**ti**
usted/él/ella	**usted/él/ella**
nosotros(as)	**nosotros(as)**
vosotros(as)	**vosotros(as)**
ustedes/ellos/ellas	**ustedes/ellos/ellas**

- In sentences with the verb **gustar** you can add **a** + a pronoun to emphasize or clarify the pronoun that is already there.

A él le gusta bailar.	**A mí** no me gusta.
He likes to dance.	*I don't like to.*

---

22 Complete Juanita's e-mail using the correct pronouns. Refer to the box above.

Hola, Toñita: Alicia es mi amiga.

El viernes próximo voy a ir al cine con (1)_____________________.

¿Quieres ir con (2)_____________________?

A (3)_____________________ me gusta el cine.

¿A (4)_____________________ te gusta?

Ernesto no va a venir. A (5)_____________________ no le gusta el cine.

23 Use the cues to complete these sentences emphasizing what people like or don't like.

- Use **a** + a pronoun in the first blank.

- Use a different kind of pronoun and the correct form of **gustar** in the second blank.

MODELO (él, sí) **A él le gusta** dibujar.

1. (ella, sí) _______ **A ella le gusta** _______ descansar.

2. (yo, sí) _____________________ leer.

3. (usted, sí) _____________________ correr.

4. (tú, no) _____________________ leer.

5. (nosotros, no) _____________________ correr.

Holt Spanish 1B Cuaderno de vocabulario y gramática ◆

  (**9**)

CAPÍTULO

P

GRAMÁTICA 2

Regular -ar verbs

- All verbs have a **stem** and an **ending.** The stem gives the meaning. The infinitive ending is used when the verb has no subject.
- When verbs have a subject, they must be conjugated. A regular **-ar** verb is conjugated in the present tense by dropping the **-ar** ending and replacing it with one of the following endings, depending on the subject.

yo	bail**o**	nosotros(as)	bail**amos**
tú	bail**as**	vosotros(as)	bail**áis**
usted/él/ella	bail**a**	ustedes/ellos/ellas	bail**an**

Yo bail**o** los viernes.   *I dance on Fridays.*

---

24 Write the correct form of the verb in parentheses to tell what each person is doing today.

1. Tú _________________________________ (dibujar).

2. Francisco _________________________ (navegar) por Internet.

3. Yo _________________________ (pasear) con mis amigas.

4. Jorge y yo _________________________ (escuchar) música.

5. Los muchachos _________________________ (montar) en bicicleta.

6. Usted _________________________ (descansar).

Possessive adjectives

- Possessive adjectives are placed before the noun to show ownership or a relationship.

Owner			Owner		
yo	**mi** piano	**mis** pianos	nosotros	**nuestro** piano	**nuestros** pianos
tú	**tu** piano	**tus** pianos	vosotros	**vuestro** piano	**vuestros** pianos
usted	**su** piano	**sus** pianos	ustedes	**su** piano	**sus** pianos
él/ella	**su** piano	**sus** pianos	ellos/ellas	**su** piano	**sus** pianos

- A possessive adjective agrees in number and gender with the noun that follows it.

¿Conoces a nuest**ras** prim**as**?   *Do you know our cousins?*

---

25 Write the correct possessive adjective according to the cues given in parentheses.

MODELO (Lisa) **su** libro

1. (Beto) _________________________ tarea

2. (nosotros) _________________________ primo

3. (yo) _________________________ libros

4. (tú) _________________________ videos

5. (ellos) _________________________ bicicletas

   10

Tercera parte

26 Write a word in Spanish to identify each item below.

  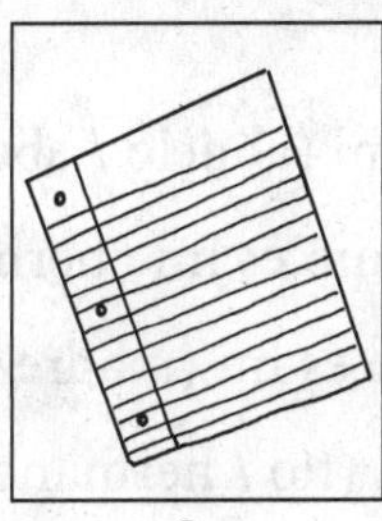  

1.   2.   3.   4.   5.

1. ______________________________________

2. ______________________________________

3. ______________________________________

4. ______________________________________

5. ______________________________________

27 Match each question with the appropriate answer.

_____ 1. ¿Necesitas algo para el colegio?

_____ 2. ¿A qué hora tienes la clase de computación?

_____ 3. ¿Qué clases tienes esta tarde?

_____ 4. ¿Qué tienes para el colegio?

a. Primero tengo francés y después tengo química.

b. No, no necesito nada.

c. Tengo muchas cosas.

d. Tengo computación a las ocho.

28 Write each word from the box under the correct category.

cuadernos	lápices	mochila	matemáticas
arte	alemán	regla	educación física

Los útiles escolares   **Las materias**

______________________   ______________________

______________________   ______________________

______________________   ______________________

______________________   ______________________

  (**11**)

VOCABULARIO 3

CAPÍTULO P

29 Circle the correct family member to complete each of these descriptions.

HINT: Draw a picture of the relationship in each description to help you choose your answer.

1. El padre de mi padre es mi (abuelo / abuela).

2. La hermana de mi hermano es mi (hermana / madre).

3. La madre de mi hermano es mi (madre / abuela).

4. El hijo de mi padre es mi (tío / hermano).

5. El abuelo de mi hija es mi (padre / hermano).

30 Complete the conversation below with the words from the box. Use each word only once.

Somos	personas	lentes	Cómo	apartamento	viven

Betty   ¿Cuántas (1)_______________ hay en tu familia?

Hernán   (2)_______________ tres. Mi madre, mi hermana y yo.

Betty   (3)¿_______________ es tu hermana?

Hernán   Es baja y delgada. Tiene el pelo negro y largo.

Betty   ¿Y tu madre?

Hernán   Ella tiene ojos azules y usa (4)_______________.

Betty   ¿Dónde (5)_______________ ustedes?

Hernán   Vivimos en un (6)_______________.

31 Answer these questions based on your family or an imaginary one. Use complete sentences whenever possible.

1. ¿Cuántas personas hay en tu familia?

   ____

2. ¿Tienes hermanos? ¿Son mayores o menores?

   ____

3. ¿Cómo son tus padres?

   ____

4. ¿Dónde viven tus abuelos?

   ____

5. ¿Qué te toca hacer para ayudar en casa?

Holt Spanish 1B

Cuaderno de vocabulario y gramática ◆

Tercera parte

The present tense of *-er* and *-ir* verbs

• To conjugate the present tense of regular **-er** and **-ir** verbs, drop the ending and replace it with these endings.

	beber *(to drink)*	**escribir** *(to write)*
yo	beb**o**	escrib**o**
tú	beb**es**	escrib**es**
usted/él/ella	beb**e**	escrib**e**
nosotros(as)	beb**emos**	escrib**imos**
vosotros(as)	beb**éis**	escrib**ís**
ustedes/ellos/ellas	beb**en**	escrib**en**

• Some verbs are irregular in the **yo** form.

hacer → yo ha**go**	poner → yo pon**go**
traer → yo tra**igo**	saber → yo s**é**
ver → yo v**eo**	salir → yo sal**go**

---

32 Complete Lana's letter to her friend by filling in the correct form of each verb. The subject of each verb is underlined.

Hola, Pilar:

Por la mañana nosotros (**1**)_________________________ (asistir) a tres clases.

En la clase de francés nosotros (**2**)_________________________ (leer) libros divertidos.

A veces los estudiantes no (**3**)_________________________ (saber) leer bien en francés.

Pero yo sí (**4**)_________________________ (saber).

También yo (**5**)_________________________ (escribir) bien.

Al mediodía nosotros (**6**)_________________________ (comer) en la cafetería.

Yo (**7**)_________________________ (traer) mi almuerzo.

Por la tarde, cuando yo (**8**)_________________________ (salir) del colegio,

yo (**9**)_________________________ (hacer) la tarea.

Luego yo (**10**)_________________________ (ver) televisión.

¿Tú (**11**)_________________________ (asistir) a clases por la tarde?

¿A qué hora (**12**)_________________________ tú (salir) del colegio?

Bueno, es tarde. Hasta pronto.

Lana

---

 (13)

GRAMÁTICA 3

Stem-changing verbs: e → *ie*

- Some verbs change the vowel in their stem from **e** to **ie** (except in the **nosotros** and **vosotros** forms). Some of these verbs are **empezar** *(to start)*, **merendar** *(to have a snack)*, and **querer** *(to want)*.

yo	emp**ie**zo	nosotros(as) empezamos
tú	emp**ie**zas	vosotros(as) empezáis
usted/él/ella emp**ie**za		ustedes/ellos/ellas emp**ie**zan

El baile **empieza** a las ocho de la noche.

---

33 Choose the correct form of **empezar, merendar,** or **querer** to complete the sentences about Sandra and her friends.

_____ 1. Las clases _____________ muy temprano.
    a. empezamos   **b.** empiezan

_____ 2. Nosotros _____________ a estudiar a las ocho.
    a. empezamos   **b.** empieza

_____ 3. A las 3:30 mis amigas y yo _____________ frutas.
    a. meriendan   **b.** merendamos

_____ 4. A veces ellas _____________ comer en el patio.
    a. querer   **b.** quieren

_____ 5. ¿Adónde _____________ ustedes?
    a. meriendan   **b.** merienda

_____ 6. Hoy, Armando _____________ ir a patinar.
    a. queréis   **b.** quiere

_____ 7. ¿Tú _____________ patinar?
    a. quieres   **b.** queremos

34 Answer the following questions by writing in the correct form of the verb.

MODELO ¿A qué hora meriendan ustedes?
      Nosotros **merendamos** a las tres de la tarde.

1. ¿A qué hora empiezan ustedes a comer?

   Nosotros _________________________________ a comer a las seis y media.

2. ¿Tú meriendas todos los días?

   Sí, yo _________________________________ todos los días.

3. ¿Quieres merendar ahora *(now)*?

   No, yo no _________________________________ merendar ahora.

4. ¿A qué hora empiezas a estudiar todos los días?

   Yo _________________________________ a estudiar a las cuatro.

Holt Spanish 1B   Cuaderno de vocabulario y gramática ◆

GRAMÁTICA 3

> ### Stem-changing verbs: *o* → *ue*
>
> - Some verbs change the **o** in their stem to **ue** when they are conjugated, except in the **nosotros** and **vosotros** forms. Some of these verbs are **dormir** *(to sleep)*, **volver** *(to go back or to come back)*, **almorzar** *(to have lunch)* and **llover** *(to rain)*.
>
> | | | | |
> |---|---|---|---|
> | yo | duermo | nosotros(as) | dormimos |
> | tú | duermes | vosotros(as) | dormís |
> | usted/él/ella | duerme | ustedes/ellos/ellas | duermen |
>
> Ustedes **duermen** poco. Nosotros **dormimos** mucho.
>
> - **Tocar** + an infinitive is used to say that you have to do something or it's your turn to do it.
> - **Parecer** is used to say what something seems like. It is also used like **gustar** to request or give an opinion.

35 Write the correct form of the verb in parentheses to complete these sentences about what Ana's family does when it rains.

1. En el verano ___________________________ (llover) todos los días.

2. Yo nunca ___________________________ (almorzar) en el patio.

3. Mis padres ___________________________ (volver) tarde del trabajo.

4. A veces el gato ___________________________ (dormir) todo el día.

5. Nosotros también ___________________________ (dormir) mucho.

36 Write a pronoun (**me, te, le, les, nos**) and the correct form of **tocar** to say what chores everyone has to do.

1. A mí ________________ ________________ sacar la basura.

2. A tí ________________ ________________ cortar el césped.

3. A Kevin ________________ ________________ lavar los platos.

4. A Dora y Ricardo ________________ ________________ hacer las camas.

5. A nosotros ________________ ________________ limipar la sala.

37 Use **parecer** and an adjective to say what you think of the following things. Be sure that your adjectives agree in number and gender.

MODELO el fútbol **Me parece formidable.**

1. jugar a juegos de mesa ___________________________

2. los quehaceres ___________________________

3. las películas de amor ___________________________

¡A comer!

1 Say whether each of the following statements about Eugenia's lunch is **a,** *logical* or **b,** *illogical.*

_____ **1.** El sándwich de queso es de atún.

_____ **2.** El jugo de naranja no tiene salsa picante.

_____ **3.** La leche está salada.

_____ **4.** El helado está frío.

_____ **5.** La ensalada de frutas está caliente.

_____ **6.** Las servilletas están riquísimas.

_____ **7.** El vaso no tiene sopa.

2 The following items are foods, beverages, or place settings. Write each one under the correct category.

el queso	la servilleta	el jamón	el tenedor	el jugo
el vaso	el refresco	la ensalada	el plato hondo	el cuchillo
las papas	el plato	el atún	la cuchara	

Foods and beverages	*Place settings*

3 Match each description on the left with the name of a food on the right.

_____ **1.** Es rojo y muy rico para tomar.

_____ **2.** A veces tiene frutas y a veces tiene verduras.

_____ **3.** Es un postre delicioso.

_____ **4.** Son saladas, calientes y muy buenas con las hamburguesas.

_____ **5.** Es bueno comer con la comida mexicana.

> **a.** la salsa picante
> **b.** el jugo de tomate
> **c.** el flan
> **d.** las papas fritas
> **e.** la ensalada

VOCABULARIO 1

4 Imagine you are at your favorite restaurant. The left-hand column contains questions that the waiter is asking you. Match each one with an appropriate answer from the right-hand column.

_____ ¿Qué desea usted?   **a.** Sí, ¿me trae un flan, por favor?

_____ ¿Y para tomar?   **b.** Quisiera un sándwich de jamón.

_____ ¿Desea algo de postre?   **c.** La cuenta, por favor.

_____ ¿Algo más?   **d.** Quiero un vaso de leche.

5 Alfredo's waiter has brought his lunch but forgot to bring place settings. Tell what Alfredo needs in order to eat the following foods. You may write one or more items.

MODELO el agua **un vaso**

1. el sándwich de atún _______________________________________

2. el jugo de naranja _______________________________________

3. la sopa de verduras _______________________________________

4. la ensalada _______________________________________

5. las papas fritas _______________________________________

6 Lourdes is training to be a waitress in her family's café. Write the question that she would ask for each of the answers given. Look back to Activity 4 for help.

1. _______________________________________

   Quisiera un sándwich de atún.

2. _______________________________________

   Para tomar quiero jugo de naranja.

3. _______________________________________

   ¡La sopa está riquísima, gracias!

4. _______________________________________

   Sí, quiero un flan.

5. _______________________________________

   ¿Nos trae la cuenta, por favor?

7 Marú always eats lunch in the school cafetería. Based on the menu below, mark each statement *true* or *false*.

> ### Cafetería del Colegio Buendía
> #### Menú de la semana
>
> | | |
> |---|---|
> | **lunes** | hamburguesa con tomate, papas fritas |
> | **martes** | sándwich de atún, flan, leche |
> | **miércoles** | sopa de verduras, ensalada de papas |
> | **jueves** | sándwich de jamón con tomate y queso, fruta |
> | **viernes** | pizza de queso, jugos |

_______________ **1.** El lunes Marú come hamburguesa con papas fritas.

_______________ **2.** La cafetería sirve *(serves)* refrescos.

_______________ **3.** Marú come sopa de verduras los viernes.

_______________ **4.** El martes Marú come sándwich y postre.

_______________ **5.** Los estudiantes del Colegio Buendía comen papas.

8 Use sentences or combinations of sentences from the box to give your opinion about the following foods. Try to use each sentence at least once.

Es un poco salado(a).	**¡Ay no!**	**No me gusta.**	**Me encanta.**
Nunca pido ___.	**Es muy picante.**	**¡Es horrible!**	**Es bueno(a).**

1. un sándwich de queso

____

2. la comida mexicana

____

3. una ensalada de atún

____

4. una sopa de tomate

____

5. una ensalada de frutas

____

¡A comer!

Ser and *estar*

- Both **ser** and **estar** are used for the verb *to be* in English.
- Use the verb **estar:**

1) to say where someone or something is located	La leche **está** en la mesa.
2) to ask and say how someone is doing	El hombre **está** bien.
3) to say how something tastes, looks, or feels at a certain time	El flan **está** rico.

- Use the verb **ser:**

1) to tell the time, the day, or the date	**Es** la una. Hoy **es** lunes.
2) to identify someone	Ésta **es** la profesora.
3) to say where someone is from	Ella **es** de Perú.
4) to describe what someone or something is normally like	La leche **es** rica.

---

9 Señora Vidales left the following instructions for the babysitter. Complete them using these forms of **ser** and **estar: es, está, estás, están.**

Hola, ¿cómo (1)_________________________? Los sándwiches para el almuerzo

(2)_________________________ en la cocina. (3)_________________________ fríos.

La sopa de Susanita (4)_________________________ de verduras. La señora Vásquez

va a venir a las 3:00 para limpiar la casa. Ella (5)_________________________ delgada

con el pelo castaño y (6)_________________________ de Venezuela. Hoy yo regreso

del trabajo a las 4:30 porque (7)_________________________ viernes. Mi número

de teléfono (8)_________________________ al lado del teléfono.

10 These sentences are generalizations about types of food. Rewrite them using a form of **estar** in place of the underlined verb.

MODELO El flan es dulce (*sweet*). **El flan está dulce.**

1. El queso es horrible. _________________________

2. La sopa es caliente. _________________________

3. Las papas fritas son buenas. _________________________

4. La salsa de tomate es picante. _________________________

5. La ensalada de frutas es rica. _________________________

6. El jamón es salado. _________________________

GRAMÁTICA 1

Pedir and *servir*

The **e** changes to an **i** in all the present-tense forms of **pedir** *(to ask for, to order)* and **servir** *(to serve)*, except the **nosotros** and **vosotros** forms.

yo	pido, sirvo	nosotros(as) pedimos, servimos
tú	pides, sirves	vosotros(as) pedís, servís
usted/él/ella	pide, sirve	ustedes/ellos/ellas piden, sirven

Yo **pido** ensalada para el almuerzo.   ¿Qué **sirven** en este restaurante?
I order salad for lunch.   *What do they serve in this restaurant?*

11 Choose the correct form of **servir** to complete each sentence.

_____ 1. ¿Qué comida ____ ustedes?
  a. sirvo   **b.** sirven

_____ 2. Yo ____ comida mexicana en mi casa.
  a. servir   **b.** sirvo

_____ 3. Amalia ____ refrescos y papas fritas en su fiesta.
  a. sirve   **b.** sirven

_____ 4. Nosotros ____ jugo y agua para el almuerzo.
  a. servís   **b.** servimos

_____ 5. Tú ____ postre después de la comida.
  a. sirves   **b.** sirven

12 Use the correct form of **pedir** with these cues to write sentences. Follow the **modelo.**

MODELO Leslie / papas **Leslie pide las papas.**

1. tú y yo / sándwiches

____

2. Elsa y Ben / sopa

____

3. usted / ensalada de verduras

____

4. tú / jugo de naranja

____

5. Papá / salsa picante

____

     (21)

GRAMÁTICA 1

Preferir, poder, and *probar*

- The **e** in the stem of **preferir** changes to **ie,** except in the **nosotros** and **vosotros** forms. Use **preferir** with a noun to say what one *prefers;* use **preferir** with a verb to say what one *prefers to do.*

yo	prefiero	nosotros(as)	preferimos
tú	prefieres	vosotros(as)	preferís
usted/él/ella	prefiere	ustedes/ellos/ellas	prefieren

- The **o** in **poder** and **probar** stem-changes to **ue,** except in the **nosotros** and **vosotros** forms. Use **poder** + an infinitive to ask a favor or to say what someone *can, may,* or *is able* to do. **Probar** means *to taste* or *to try* something.

yo	puedo, pruebo	nosotros(as)	podemos, probamos
tú	puedes, pruebas	vosotros(as)	podéis, probáis
usted/él/ella	puede, prueba	ustedes/ellos/ellas	pueden, prueban

¿Puedes traer el queso, por favor?   **¿Por qué no pruebas** la sopa?
Would you please bring the cheese?   *Why don't you try the soup?*

---

13 Everyone in Elena's family wants to eat different things. Choose the correct form of **preferir** to say what each one prefers. Write it on the line.

MODELO La hermana (prefiero / prefiere) sopa de verduras. **prefiere**

1. Yo (preferimos / prefiero) el queso. _______________

2. Ustedes (prefieren / prefieres) la sopa. _______________

3. Nosotros (preferimos / prefiere) un sándwich. _______________

4. Usted (prefieren / prefiere) tomar jugo. _______________

5. Los padres (preferís / prefieren) comer una ensalada. _______________

14 Fill in the blanks with the correct form of the verb in parentheses.

1. (**poder**)   ¡Mi hermanita _______________ ser terrible en un restaurante!

     Mis padres no _______________ comer en paz (*in peace*).

2. (**probar**)   ¿_______________ tú la comida en la cafetería?

     Yo nunca _______________ la sopa de verduras.

     Mi amigo y yo siempre _______________ las ensaladas.

3. (**pedir**)   ¿Qué _______________ tú en un restaurante mexicano?

     Yo siempre _______________ tacos de pollo.

     Mi hermano a veces _______________ enchiladas.

Holt Spanish 1B   Cuaderno de vocabulario y gramática ◆

¡A comer!

15 Escribe si las personas comen **el desayuno** o **la cena.** Sigue el **modelo.**

MODELO Eduardo come pescado con espinacas.   **la cena**

1. Miguel come bróculi, arroz y carne.

____

2. Angélica y Celia beben café con leche y comen pan tostado.

____

3. Alberto come carne, maíz y pastel.

____

4. Isabel come cereales y pan dulce.

____

5. Joaquín y Sarita comen zanahorias y pollo.

____

16 Match each food with its correct description.

_____ 1. la manzana

_____ 2. café y pan tostado

_____ 3. arroz con pollo

_____ 4. agua

_____ 5. la zanahoria

_____ 6. flan

a. Es una fruta.
b. Es un postre.
c. Es una verdura.
d. Es una cena.
e. Es un desayuno.
f. Es para tomar.

17 Read the sentence below about Humberto's meal preparations. Then write **sí** if the sentence is *logical* and **no** if the sentence is *not logical.*

_______ 1. Humberto sirve carne con arroz y verduras para la cena.

_______ 2. Humberto prepara sándwiches de leche con bróculi.

_______ 3. Humberto necesita verduras para la ensalada de frutas.

_______ 4. Humberto saca el agua del horno.

_______ 5. Humberto pone el pollo en el microondas.

_______ 6. Humberto siempre prepara pescado para el desayuno.

_______ 7. Humberto prepara café con leche para dormir.

_______ 8. Humberto prepara jugo con unas naranjas.

     (23)

VOCABULARIO 2

18 Choose the most logical answer for each of the following questions or comments.

_____ **1.** ¿Qué desayunas?
 a. pescado y arroz   **b.** pastel   **c.** jugo y pan tostado

_____ **2.** ¿Qué quieres hoy de almuerzo?
 a. ensalada de pollo   **b.** pan dulce   **c.** café con leche

_____ **3.** ¿Qué hay de cena?
 a. los cereales   **b.** pollo y bróculi   **c.** café y pan tostado

_____ **4.** Tengo mucha hambre. ¿Qué pido?
 a. una manzana   **b.** una zanahoria   **c.** carne con arroz

_____ **5.** Me gustan las frutas. ¿Qué pido?
 a. maíz   **b.** espinacas   **c.** manzana

_____ **6.** ¿Qué tal si almorzamos una ensalada?
 a. Sí, me gustan las verduras.   **b.** Sí, me gustan las carnes.   **c.** Sí, me gustan los jugos.

_____ **7.** Vamos a cenar carne, maíz y zanahorias.
 a. Siempre desayuno bien.   **b.** ¡Qué bien! Tengo mucha hambre.   **c.** Prefiero cenar pastel.

19 Arnie's always asking his mother **¿Necesitas ayuda?** Write the letter of the picture that illustrates each of his mother's requests below.

a.   **b.**   **c.**   **d.**

_____ **1.** Pon el pastel en el horno.

_____ **2.** ¿Por qué no preparas los sándwiches?

_____ **3.** Saca el flan del refrigerador, cariño.

_____ **4.** Pon la mesa, por favor.

_____ **5.** Trae la leche, por favor.

_____ **6.** Pon más queso en los sándwiches, por favor.

_____ **7.** Pon los platos, por favor.

_____ **8.** Por favor, saca el postre del horno.

CAPÍTULO

6 ◆

VOCABULARIO 2

20 Enrique arrives at home very hungry. Complete his conversation with his father with words from the box.

Puedo ayudar	**Tengo mucha hambre**	**microondas**	**Ponlo**
saca	**Vamos a cenar**	**Por qué no**	

Enrique   ¡Hola, Papá! ¿Qué hay de cena? (1)_____________________.

El padre   (2)_____________________ carne, papas y espinacas.

Enrique   Mmm, muy bueno. ¿(3)_____________________?

El padre   Sí, (4)_____________________ el pollo del refrigerador.

Enrique   Claro. ¿Dónde lo pongo?

El padre   (5)_____________________ en el (6)_____________________.

Enrique   ¿Algo más?

El padre   ¿(7)_____________________ preparas las papas?

Enrique   ¡Claro que sí!

21 Maribel wants to help prepare dinner. Match her questions on the left with her mother's answers on the right.

_____ **1.** ¿Qué hay de cena?   **a.** Tomamos agua o leche.

_____ **2.** ¿Puedo ayudar?   **b.** Sí, saca el pollo del horno.

_____ **3.** ¿Puedo preparar el maíz?   **c.** Sí, prepáralo.

_____ **4.** ¿Pongo la mesa?   **d.** Comemos pollo y maíz.

_____ **5.** ¿Qué vamos a tomar?   **e.** Sí, ponla.

_____ **6.** ¿Algo más?   **f.** No, gracias. Es todo.

22 Imagine that you are very, very hungry. How would you answer the following questions?

1. ¿Qué desayunas? _____________________

____

2. ¿Qué quieres hoy de almuerzo? _____________________

____

3. ¿Qué hay de cena? _____________________

____

¡A comer!

Direct objects and direct object pronouns

- A direct object is the person or thing that receives the action of the verb.

  Guillermo toma **jugo.**　　　　　*Guillermo drinks **juice.***

- A noun can often be replaced by a pronoun. These are some direct object pronouns in Spanish that can replace a noun.

Masculine		*Feminine*	
lo	*him, it*	**la**	*her, it*
los	*them*	**las**	*them*

  　　Guillermo **lo** toma.　　　　　*Guillermo drinks **it.***

- Direct object pronouns are placed before a conjugated verb, or they may be attached to the end of an infinitive.

  ¿Comes el desayuno?　　　　　¿Vas a comer el desayuno?

  Sí, **lo** como.　　　　　Sí **lo** voy a comer. / Sí, voy a comer**lo.**

---

23 Underline the direct object in each sentence. Then write the correct direct object pronoun in the rewritten sentence that follows. Follow the **modelo.**

MODELO Elisa toma jugo con la cena.

　　　　　Elisa __lo__ toma con la cena.

1. Paco siempre come el desayuno. Paco siempre _____________ come.

2. Ellos sirven las frutas. Ellos _____________ sirven.

3. Yo pongo leche en los cereales. Yo _____________ pongo en los cereales.

4. Yo sirvo refrescos en la fiesta. Yo _____________ sirvo en la fiesta.

24 Fill in the blanks with the words needed to say who is going to make each food for tonight's dinner. Follow the **modelo** to write two different ways of saying the same thing.

MODELO Mamá: las papas　　**Mamá va a prepararlas.**

　　　　　　　　　　　　　Mamá las va a preparar.

1. Mariela: la carne　　　Mariela _____________ a prepararla.

　　　　　　　　　　　　Mariela _____________ va a preparar.

2. Simón: las verduras　　Simón va a _____________ .

　　　　　　　　　　　　Simón _____________ va a _____________ .

3. Ana y Lila: el arroz　　Ellas _____________ a _____________ .

　　　　　　　　　　　　Ellas _____________ van a _____________ .

GRAMÁTICA 2

CAPÍTULO

6 ◆

Affirmative informal commands

- Use **affirmative informal commands** when you want to give instructions to someone that you would address with the **tú** form.

- To form this type of command, drop the final **s** from the present-tense **tú** form.

*Present-tense **tú** form*	*Affirmative informal command*
tú hablas *you speak*	**habla** *speak*
tú escribes *you write*	**escribe** *write*
tú pides *you ask for*	**pide** *ask for*
Pide un huevo para el desayuno.	***Ask for** an egg for breakfast.*

- The affirmative informal command is irregular in certain verbs: **tú tienes (ten)**, **tú vienes (ven)**, **tú pones (pon)**, **tú vas (ve)**, **tú eres (sé)**, **tú haces (haz)**, and **tú sales (sal)**.

- Below are some verbs you might use in the kitchen.

tú **calientas** *you heat*	**calienta** *heat*
tú **sacas** *you take out*	**saca** *take out*
tú **cortas** *you cut*	**corta** *cut*
tú **abres** *you open*	**abre** *open*
tú **mezclas** *you mix*	**mezcla** *mix*
tú **añades** *you add*	**añade** *add*

---

25 You want to throw a party, and you need your friends to help you. Write an informal command in each blank to answer each of your friends' questions about what they should do.

    1. ¿Pongo las sillas en el comedor? —Sí, _________________ las sillas.

    2. ¿Voy al mercado *(market)* hoy? —Hoy no. _________________ al mercado mañana.

    3. ¿Vengo temprano para ayudarte? —Sí, _________________ temprano.

    4. ¿Qué postre hago? —_________________ el flan, por favor.

    5. ¿Escribo las invitaciones? —Sí, _________________ las invitaciones.

26 Raúl is about to start preparing dinner. Tell him four things he should do using the affirmative informal commands of the verbs given below.

    MODELO mezclar **Mezcla el jugo.**

    1. calentar _______________________________________

    2. sacar _______________________________________

    3. cortar _______________________________________

    4. abrir _______________________________________

Cuaderno de vocabulario y gramática ◆

    (**27**)

> ## Affirmative informal commands with pronouns
>
> - In a statement, remember to use the **direct object pronouns** either before the conjugated verb or attached to the end of the infinitive.
>
>   **Lo** hago por la tarde.   **Lo voy** a hacer por la tarde.
>   Voy a **hacerlo** por la tarde.
>
> - In an affirmative informal command, always attach the direct object pronoun to the end of the verb.
>
>   **Hazlo** esta tarde.   *Do it this afternoon.*
>
> - Unless the command is one syllable, you must add a written accent on the stressed vowel.
>
>   **Hazlo.** *(no accent)*   **Cómela.** *(accent added)*
>   *Do it.*   *Eat it.*

27 Roberta is in charge of dinner tonight. She's telling her sister what to do to help. Circle the correct informal command for each of the things she wants her to do.

1. mezclar las frutas   **a.** Mézclalas   **b.** Mézclalos

2. poner los platos   **a.** Ponerlos   **b.** Ponlos

3. abrir las ventanas   **a.** Ábrelas   **b.** Abrirlas

4. probar el arroz   **a.** Pruébalo   **b.** Pruébelo

5. sacar el pollo del horno   **a.** Sácala   **b.** Sácalo

28 You're giving a good friend some advice. Conjugate the verbs in parentheses as informal commands.

1. (ir) _________________ a la cama temprano.

2. (comer) _________________ frutas y verduras todos los días.

3. (hacer) _________________ la tarea por la tarde, no por la noche.

4. (salir) _________________ a pasear en el sol muy poco.

5. (ser) _________________ disciplinado (*disciplined*); no seas perezoso.

6. (beber) _________________ mucha agua (*water*).

7. (montar) _________________ en bicicleta todos los días.

8. (dormir) _________________ ocho horas cada noche.

Which two of the above commands could be rewritten with a direct object pronoun? _________________

          (28)

Cuerpo sano, mente sana

1 On each line, write the word that does NOT belong with the other two words.

1. el brazo   el cepillo   la espalda   _________________

2. los dientes   la boca   el piyama   _________________

3. la secadora   la nariz   la cara   _________________

4. la pierna   el peine   la pantorrilla   _________________

5. la navaja   los hombros   el pecho   _________________

2 Javier talks about his routine. Choose a logical ending for each of his sentences below.

_____ **1.** Después de bañarme voy a ponerme ____.
     a. la ropa   **b.** el brazo   **c.** la espalda

_____ **2.** Voy a afeitarme. Necesito ____.
     a. el peine   **b.** el maquillaje   **c.** la navaja

_____ **3.** Hago ejercicio todos los días. Yo ____.
     a. escucho música   **b.** duermo   **c.** levanto pesas

_____ **4.** Antes de entrenarme tengo que ____.
     a. estirarme   **b.** lavarme la cara   **c.** afeitarme

_____ **5.** Me gusta montar en bicicleta. Yo entreno ____.
     a. la cara   **b.** la nariz   **c.** las piernas

_____ **6.** También entreno mucho las pantorrillas. Todos los días ____.
     a. escucho música   **b.** corro   **c.** duermo la siesta

_____ **7.** Quiero dormir. Voy a ____.
     a. peinarme   **b.** acostarme   **c.** secarme el pelo

3 Frida is telling you what she is going to do in the morning. Fill in the blanks with appropriate vocabulary words.

Voy a **(1)**_____________________ temprano.

Luego voy a **(2)**_____________________ y secarme con una

(3)_____________________.

También me voy a secar el pelo con una **(4)**_____________________.

Voy a **(5)**_____________________ con un peine.

Por último voy a lavarme los dientes con un **(6)**_____________________

y la **(7)**_____________________.

VOCABULARIO 1

4 Write whether you agree (**sí**) or disagree (**no**) with each of the following statements.

1. Voy a levantarme y luego voy a ponerme el piyama. _____________

2. Antes de bañarme, voy a quitarme la ropa. _____________

3. Voy a ponerme los zapatos y después voy a bañarme. _____________

4. Acabo de maquillarme. Voy a lavarme la cara. _____________

5. Quiero entrenar la espalda. Voy a levantar pesas. _____________

5 Match the following activities you do with the parts of the body associated with them.

_____ 1. Yo patino todos los días.

_____ 2. Yo canto mucho.

_____ 3. Yo como carne.

_____ 4. Yo necesito maquillarme.

a. la boca
b. la cara
c. las piernas
d. los dientes

6 Write two activities in each column that tell what you do before going out, to relax, and to stay in shape.

antes de salir	para relajarte	para mantenerte en forma

7 Write what you are going to do with each item pictured below.

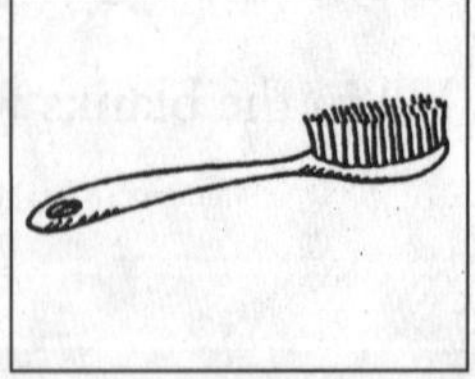 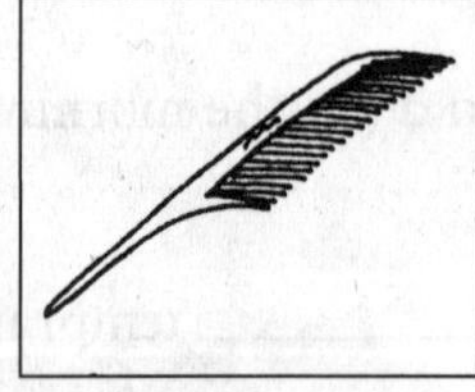 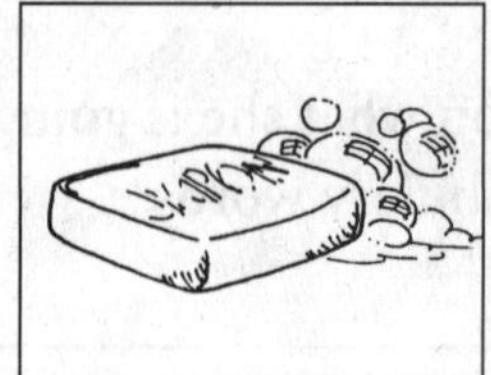 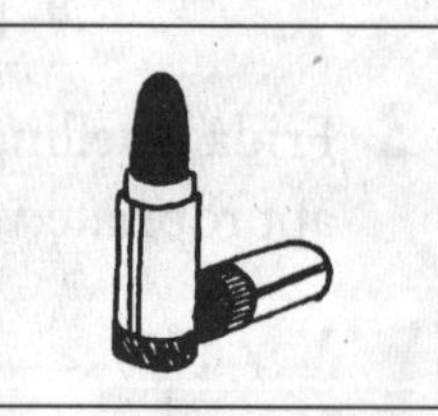

MODELO   **1.**   **2.**   **3.**

MODELO Voy a lavarme los dientes con el cepillo de dientes.

1. ____

2. ____

3. ____

  (**30**)

VOCABULARIO 1

8 Sonia and Patricia are hurrying to get ready to go to a party. Use each word in the box once to complete their conversation.

| toalla | prepararme | maquillaje | lista | acabo de | falta | encuentro |

Sonia   Patricia, ya son las siete. Voy a (1)_______________

para la fiesta. ¿Qué te (2)_______________ hacer?

Patricia   Solamente *(only)* el (3)_______________. ¿Y tú?

Sonia   Tampoco estoy (4)_______________. No

(5)_______________ el peine.

Patricia   Está en la habitación. Yo tengo que secarme el pelo. ¿Tienes la

(6)_______________?

Sonia   No. ¡(7)_______________ ponerla en el baño!

9 Write what you do at each of the following times on school days.

MODELO 6:30 A.M. **despertarme**

1. 6:40 A.M. _______________

2. 6:45 A.M. _______________

3. 7:00 A.M. _______________

4. 7:15 A.M. _______________

5. 7:30 A.M. _______________

10 For each pair of actions below, write a sentence to say which you have to do first. Use the same word order as the **modelo,** but replace the underlined verbs with the logical order of the new actions.

MODELO entrenarme / estirarme **Tengo que estirarme antes de entrenarme.**

1. maquillarme / lavarme la cara _______________

____

2. despertarme / levantarme _______________

____

3. ponerme el piyama / quitarme la ropa _______________

____

4. ponerme el piyama / acostarme _______________

Cuerpo sano, mente sana

GRAMÁTICA 1

Verbs with reflexive pronouns

- Use a **reflexive pronoun** to show that the subject and object of the verb are the same. Be sure to use the pronoun that agrees with the subject.

yo	**me** levanto	nosotros(as)	**nos** levantamos
tú	**te** levantas	vosotros(as)	**os** levantáis
usted/él/ella	**se** levanta	ustedes/ellos/ellas	**se** levantan

- Some verbs can be used reflexively or not reflexively, depending on who or what the object is.

  Yo **me despierto.** Yo **despierto** a **José.**
  I wake up. *I wake José up.*

- Place **reflexive pronouns** before a conjugated verb or attached to an **infinitive**.

  Nosotras **nos** relajamos. Nosotras queremos relajar**nos.**
  We relax. *We want to relax.*

- Use **el, la, los** or **las** after reflexive verbs with parts of the body or clothing.

  Voy a ponerme **los** zapatos.
  I'm going to put my shoes on.

---

11 Write the subject and the object of each sentence on the lines that follow it.

MODELO Tú te bañas por la noche. *subject:* **Tú** *object:* **tú**
María baña al perro. *subject:* **María** *object:* **el perro**

1. Vosotros os afeitáis. *subject:* _______________ *object:* _______________

2. Tú peinas a tu hermana. *subject:* _______________ *object:* _______________

3. Yo lavo la ropa. *subject:* _______________ *object:* _______________

4. Él y yo nos entrenamos. *subject:* _______________ *object:* _______________

12 Fill in the blanks with correct forms of the verbs in parentheses. Tell what these people do today, and that they will do the same thing tomorrow. Follow the **modelo.**

MODELO (afeitarse) David ___**se afeita**___ hoy y ___**va a afeitarse**___ mañana.

1. (entrenarse) Ustedes _______________ hoy y _______________ mañana.

2. (estirarse) Nosotros _______________ hoy y _______________ mañana.

3. (levantarse) Yo _______________ hoy y _______________ mañana.

4. (bañarse) Tú _______________ hoy y _______________ mañana.

Holt Spanish 1B Cuaderno de vocabulario y gramática ◆

CAPÍTULO 7

GRAMÁTICA 1

13 Complete each sentence logically by adding a definite article (**el, los, la, las**) and a word from the box.

reloj	piernas	zapatos	cara

1. Voy a quitarme ___________________________.

2. Vamos a lavarnos ___________________________.

3. María quiere maquillarse ___________________________.

4. Ustedes tienen que ponerse ___________________________.

Using infinitives

- When a conjugated verb is followed by an infinitive, you can place the **reflexive pronoun** before the conjugated verb or attach it to the end of the infinitive.

  Yo **quiero acostarme** temprano.   Yo **me quiero acostar** temprano.
  I want to go to bed early.

- Use **acabar de** + an infinitive to indicate what has just been done. Conjugate **acabar** in the present tense.

  Mi mamá **acaba de** llegar.
  My mom just arrived.

- **Para** + an infinitive explains what you do something for. Other prepositional phrases such as **antes de** and **después de** are also followed by an infinitive.

  Voy a salir temprano **para** llegar a tiempo al colegio.
  I'm going to leave early in order to get to school on time.

---

14 These sentences tell things you want or don't want to do. Write another way to say each of the sentences below. Follow the **modelo.**

MODELO No quiero despertarme temprano. **No me quiero despertar temprano.**

1. Quiero acostarme a las 10:00. ___________________________

____

2. Me quiero secar el pelo. ___________________________

____

3. No quiero afeitarme. ___________________________

4. No me quiero maquillar hoy. ___________________________

____

5. Quiero entrenarme mañana. ___________________________

____

   Cuaderno de vocabulario y gramática ◆

   (33)

CAPÍTULO 7 ◆

GRAMÁTICA 1

15 Complete these sentences with **acabo de, para, antes de** or **después de.**

1. _____________________ ponerme jabón en la cara y voy a afeitarme.

2. Yo voy a lavarme los dientes _____________________ desayunar.

3. Tengo que secarme porque _____________________ bañarme.

4. Tengo que lavarme la cara _____________________ maquillarme.

5. Voy a vestirme _____________________ salir.

6. No voy a salir. Quiero leer una revista _____________________ relajarme.

Review of stem-changing verbs

• Verbs can change their stems in three ways: **o** to **ue, e** to **ie,** and **e** to **i.** Only the **nosotros** and **vosotros** forms remain the same.

o to **ue** (**acostarse**)	**e** to **i** (**vestirse**)	**e** to **ie** (**querer**)
me ac**ue**sto	me v**i**sto	qu**ie**ro
te ac**ue**stas	te v**i**stes	qu**ie**res
se ac**ue**sta	se v**i**ste	qu**ie**re
nos ac**o**stamos	nos v**e**stimos	qu**e**remos
os ac**o**stáis	os v**e**stís	qu**e**réis
se ac**ue**stan	se v**i**sten	qu**ie**ren
¿A qué hora te **acuestas?**	Él se **viste** temprano.	**Quiero** salir.
What time do you go to bed?	*He dresses early.*	*I want to go out.*

---

16 Complete the following sentences with the correct form of a verb from the box.

pedir	**encontrar**	**acostarse**	**poder**

1. Yo no _____________________ el jabón.

2. Cuando mi hermana quiere mi peine, ella lo _____________________ .

3. Yo no _____________________ abrir la pasta de dientes.

4. Mis tíos _____________________ temprano.

17 Complete Martín's schedule with the correct forms of the verbs in parentheses.

Yo (1)_____________________ (empezar) el día temprano. Primero

(2)_____________________ (vestirse). Si no (3)_____________________

(llover), Papá y yo (4)_____________________ (jugar) al básquetbol.

Luego Papá (5)_____________________ (pedir) café en un restaurante,

pero yo (6)_____________________ (preferir) chocolate.

CAPÍTULO
7 ◆

Cuerpo sano, mente sana

VOCABULARIO 2

18 Imagine you are experiencing all the symptoms shown in the drawings. For each one, answer the question: «¿Qué te pasa?» The first one has been done for you.

1.

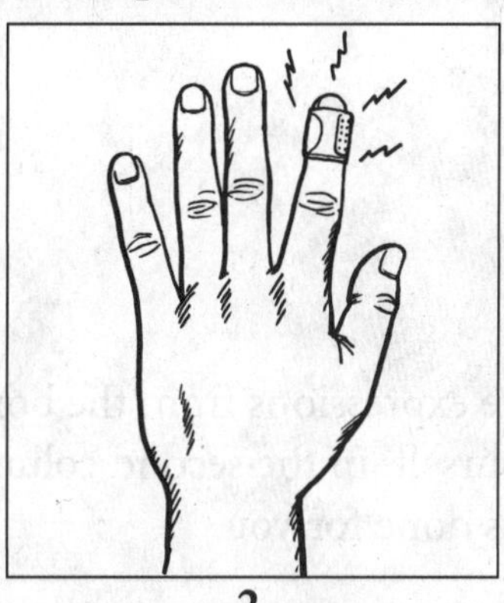
2.

3.

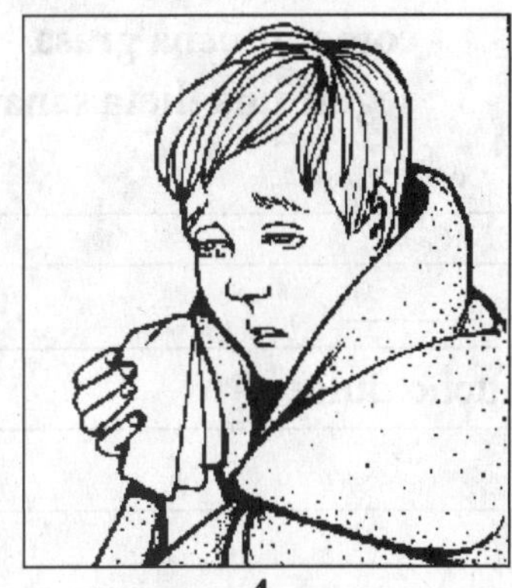
4.

5.

6.

1. **Estoy enfermo. Me duele la cabeza.** _______________

2. ____

3. ____

4. ____

5. ____

6. ____

19 These people are having problems. Choose an adjective from the box that tells how each person feels.

______ 1. Alberto tiene un examen hoy.

______ 2. Alí no quiere hacer nada.

______ 3. Manuel está muy bien.

______ 4. Mi mejor amigo está lejos de aquí.

______ 5. Enrique no duerme lo suficiente.

> **a.** cansado
> **b.** nervioso
> **c.** aburrido
> **d.** triste
> **e.** contento

Cuaderno de vocabulario y gramática ◆

VOCABULARIO 2

20 Place a number in front of each body part to put them in order from the top of the body (1) to the bottom (5).

____ el estómago

____ el cuello

____ el pie

____ el oído

____ la mano

21 In the first column write expressions from the box that tell what you should do to take better care of yourself. In the second column write things you should NOT do. The first one is done for you.

ver demasiada televisión	**dormir lo suficiente**	**hacer yoga**
acostarte muy tarde	**caminar**	**comer mucha grasa**
comer mucho dulce	**dejar de fumar**	**seguir una dieta sana**
fumar		

Para cuidarte mejor, debes ______.	**No debes ______.**
dejar de fumar	comer mucho dulce

22 You want to find out how your friends are feeling. Choose the best response for each thing you say to them.

____ 1. ¿Te duele algo?
   a. Estoy un poco cansado.   **b.** Me duele la garganta.

____ 2. ¿Qué tiene Alberto?
   a. Está bastante contento.   **b.** Está un poco enfermo.

____ 3. Pepe, ¿estás nervioso?
   a. Sí, necesito ver más televisión.   **b.** Sí, necesito hacer yoga.

____ 4. Te veo mal. ¿Qué te pasa?
   a. Me siento muy contento.   **b.** Es que me siento un poco triste.

____ 5. ¿Por qué no comes mucha grasa?
   a. Porque quiero bajar de peso.   **b.** Porque quiero subir de peso.

   36

VOCABULARIO 2

23 All your friends seem to be sick lately. Match their statements on the left
with the advice you might give them.

_____ **1.** Siempre me duele la garganta.   **a.** Busca un pasatiempo.

_____ **2.** Estoy aburrida.   **b.** Debes acostarte más temprano.

_____ **3.** Estoy cansado.   **c.** No debes comer tanta grasa.

_____ **4.** Tengo que bajar de peso.   **d.** Deja de fumar.

24 Write sentences to say how often these situations apply to you. Be sure to
conjugate the verbs.

MODELO caminar **Yo camino todos los días.**

1. ver demasiada televisión ________________________________

2. estar nervioso(a) ________________________________

3. comer mucho dulce ________________________________

4. dormir lo suficiente ________________________________

5. comer verduras y frutas ________________________________

6. lavarse las manos ________________________________

25 Read each sentence below. If it is logical, write **lógica** on the line. If it is illogical,
then rewrite the sentence so that it is logical.

MODELO Para cuidarte mejor, debes caminar mucho y comer bien. **lógica**
          Para relajarte debes fumar. **Para relajarte debes hacer yoga.**

1. Si buscas un pasatiempo, ¿por qué no te acuestas más temprano? _________

____

2. Una dieta sana tiene muchas verduras y poco dulce. _________

____

3. Para no estar cansado necesitas dormir lo suficiente. _________

____

4. Yo estoy aburrido porque no tengo una dieta. _________

____

5. Lina tiene un catarro horrible. Le duele el pie. _________

    (37)

Cuerpo sano, mente sana

Estar, sentirse, and *tener*

- Use **ser** *(to be)* to say what things are generally like. Use **estar** *(to be)* with adjectives to talk about specific states or conditions.

  Ella **es** rubia. Hoy ella **está** contenta.

- Use **sentirse** *(to feel)* the same way you use **estar**, with adjectives or with adverbs like **bien** or **mal**.

yo	me siento	nosotros (as)	nos sentimos
tú	te sientes	vosotros (as)	os sentís
usted/él/ella	se siente	ustedes/ellos/ellas	se sienten

  ¿Te sientes **bien**? Sí, me siento **contento.** Me siento **bien.**

- Use **tener** + a noun to describe a mental or physical state.

tener sueño	**tener miedo**	**tener calor**	**tener frío**
to be sleepy	*to be afraid*	*to be hot*	*to be cold*

---

26 Gabriel and his friends do not feel good today. Complete the descriptions with the correct forms of **ser** or **estar**.

Sancho (1)_______________ muy simpático pero hoy (2)_______________ un poco antipático. (3)_______________ enfermo. Chavita y Tomás siempre (4)_______________ graciosos pero hoy (5)_______________ serios. Yo (6)_______________ activo, pero hoy no quiero hacer nada porque (7)_______________ cansado.

27 Write how these people feel. Follow the **modelo.**

MODELO A Felipe le duele la cabeza. **Se siente enfermo.**

1. Raúl y yo no queremos ir a ninguna parte. _______________
2. Lina no duerme lo suficiente. _______________
3. Luis y tú tienen catarro. _______________
4. Usted quiere cantar y bailar. _______________

28 Fill in the blanks with one of these words to tell how the people feel: **calor, frío, miedo** or **sueño.**

1. Santiago quiere dormir. Tiene _______________.
2. Hoy nieva y Ana no tiene abrigo *(coat)*. Ella tiene _______________.
3. Mateo va a presentar un examen difícil. Tiene _______________.
4. Mari corre en el parque cuando hace mucho sol. Tiene _______________.

Holt Spanish 1B Cuaderno de vocabulario y gramática ◆

GRAMÁTICA 2

Negative informal commands

- An **informal affirmative command** tells someone to do something. It usually takes the **tú** form of the verb minus the final **s.**

    Come bien y **bebe** mucha agua.
    Eat well and drink a lot of water.

- Use an **informal negative command** to tell someone *not* to do something. For most **-ar** verbs, use the **yo** form, but replace the final **o** with **-es.**

    (yo) baj**o**   no baj**es**
    No baj**es** de peso.
    Don't lose weight.

- For most **-er** and **-ir** verbs, drop the **o** of the **yo** form and add **-as.**

    (yo) me sient**o**   no te sient**as**
    (yo) corr**o**   no corr**as**
    No te sient**as** triste.   No corr**as** más.
    Don't feel sad.   *Don't run any more.*

- For some verbs, the informal negative command takes an irregular form.

    ser   (yo soy)   no **seas**   **estar**   (yo estoy)   no **estés**
    ir   (yo voy)   no **vayas**   **dar**   (yo doy)   no **des**
    No **seas** tonto.   No **vayas** solo.   No **estés** aburrido.   No me **des** dulces.
    Don't be silly.   *Don't go alone.*   *Don't be bored.*   *Don't give me sweets.*

---

29 The physical education teacher is talking to students about their health habits. Match the teacher's comments to each student on the left with the advice he or she would give.

_____ 1. Amalia, duermes muy poco.   **a.** Come muchas frutas.

_____ 2. Gilda, no comes frutas.   **b.** Sube de peso.

_____ 3. Norman, estás aburrido.   **c.** Cuídate la salud.

_____ 4. Paola, siempre estás enferma.   **d.** Duerme lo suficiente.

_____ 5. Roberto, estás muy delgado.   **e.** Busca un pasatiempo.

30 Use the cues to tell your younger sister what she should not do. Refer to the box above to form correct commands from the infinitives given.

MODELO (fumar) **No fumes.**

1. (ser perezoso) ________________________________

2. (estar triste) ________________________________

3. (ir al cine hoy) ________________________________

4. (dormir hasta tarde) ________________________________

5. (dar dulces al perro) ________________________________

---

    (39)

CAPÍTULO 7 ◆

GRAMÁTICA 2

Object and reflexive pronouns with commands

- In **affirmative commands**, attach the **direct object pronoun** or the **reflexive pronoun** at the end of the verb.

  Trae el pan y pon**lo** en el plato. **Levántate.**
  Bring the bread and put it on the plate. *Get up.*

- If the command is more than two syllables, put an **accent mark** over the stressed syllable.

  Esa fruta está mala. **Quítala** de la mesa.
  That fruit is bad. Take it off the table.

- In **negative commands,** put the **direct object pronoun** or the **reflexive pronoun** between **no** and the verb.

  Ésta es mi merienda. No **la** comas. No **te** acuestes tarde.
  This is my snack. Don't eat it. *Don't go to bed late.*

---

31 Ana's mother worries because her daughter never feels good. Read what her mother says to Ana. Then write a piece of advice from the box that would be appropriate.

Relájate.	Úsalo.	Levántate temprano.	Cómelas.	Móntala.	Practícalos.

1. Tienes frutas en el refrigerador. _______________________
2. Duermes hasta el mediodía. _______________________
3. No usas jabón para lavarte las manos. _______________________
4. Estás muy nerviosa. _______________________
5. Nunca practicas deportes. _______________________
6. Tienes una bicicleta pero no la montas. _______________________

32 Use the cues in parentheses to write negative informal commands that tell a younger brother what NOT to do. Refer to the explanation in the first box above.

MODELO (comer la pasta de dientes) **No la comas.**

1. (acostarse tarde) _______________________
2. (levantar pesas muy grandes) _______________________
3. (comer tres postres) _______________________
4. (leer libros aburridos) _______________________
5. (tomar muchos refrescos) _______________________
6. (entrenar las piernas mucho) _______________________

  Cuaderno de vocabulario y gramática ◆
  40

Vamos de compras

1 Mark with an X the part(s) of the body covered by each article of clothing. More than one X may be marked on each line.

Ropa	Cabeza	Espalda	Brazos	Piernas	Pies
abrigo		X	X	X	
sombrero					
calcetines					
falda					
botas					
vestido					
suéter					
pantalones					
chaqueta					
zapatos de tenis					

2 Choose the color described by each statement on the left. Use each color only once.

_____ 1. el color de un tomate

_____ 2. el color del maíz

_____ 3. el color de unas uvas *(grapes)*

_____ 4. el color del cielo *(sky)*

_____ 5. el color de una planta

_____ 6. el color de las zanahorias

_____ 7. el color de la nieve *(snow)*

a. anaranjado
b. morado
c. blanco
d. verde
e. azul
f. amarillo
g. rojo

3 Completa cada oración con la palabra correcta.

_____ 1. Cuando hace calor, me gusta llevar ropa de ___.
    a. lana   **b.** algodón

_____ 2. Cuando llueve, uso un par de ___.
    a. sandalias   **b.** botas

_____ 3. Me gustan las ___ de seda.
    a. blusas   **b.** botas

_____ 4. Esta camisa está grande; necesito una talla más ___.
    a. cara   **b.** pequeña

4 Mónica and her brother Antonio are packing for their vacation. Look at their suitcases and then list in Spanish what each of them is taking.

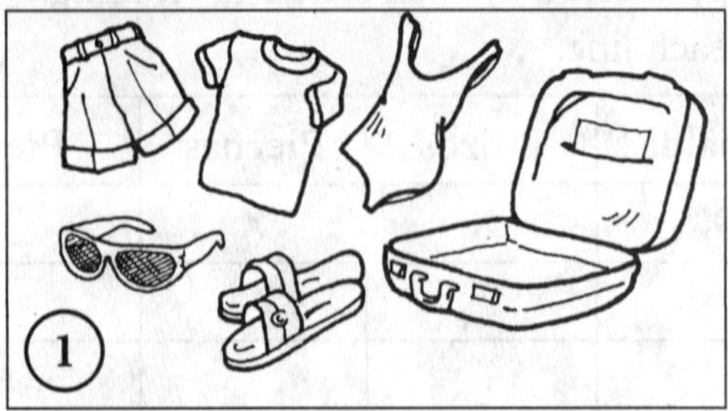 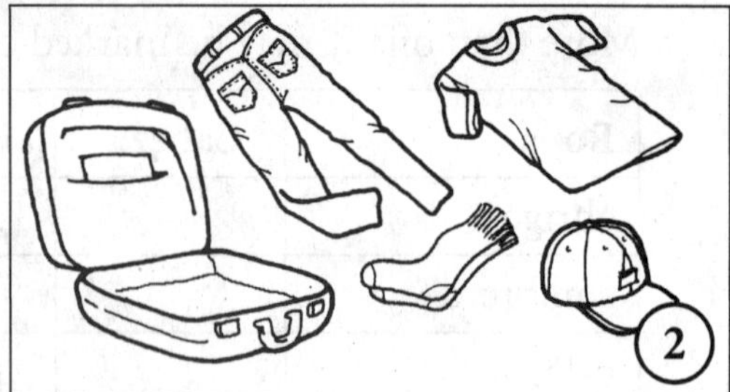

1. Mónica: ____

____

2. Antonio: ____

____

5 Edgar and María are discussing clothing they see on a shopping trip. If they make a positive statement, write **sí.** If they make a negative statement, write **no.**

______________ **1.** Los pantalones cuestan $50. ¡Qué caros!

______________ **2.** Te queda muy bien el sombrero.

______________ **3.** El abrigo está a la última moda.

______________ **4.** ¡La bolsa es una ganga!

______________ **5.** Los pantalones vaqueros cuestan mucho.

______________ **6.** Me gustan las botas pero estoy mirando, nada más.

______________ **7.** El suéter es bonito. Además, es muy barato.

______________ **8.** El traje de baño es un robo.

6 Oscar is talking with a salesclerk. Mark an X under who makes each statement.

	Osvaldo	el dependiente
1. ¿En qué le puedo servir?		
2. Busco una camisa.		
3. ¿Qué talla usa?		
4. Estoy mirando, nada más.		
5. ¿Cómo le quedan los zapatos de tenis?		
6. ¿A qué hora cierra la tienda?		

7 You are shopping with friends. You like everything, but Patricia doesn't like anything. Write a positive response to each statement (Tú), then a negative response (Patricia). Use the words in the box in your statements.

ganga	**colores**	**pasada de moda**
última moda	**robo**	**feo**

MODELO ¿Cómo me queda la chaqueta de lana?
   Tú: **Te queda muy bien.**
   Patricia: **Te queda mal.**

1. ¿Qué te parece este saco amarillo y café?

Tú: ____

Patricia: _____________________________________

2. ¿Y la blusa? Mi amiga Rosa tiene una blusa como (*like*) ésta.

Tú: ____

Patricia: _____________________________________

3. La bolsa está barata, ¿verdad?

Tú: ____

Patricia: _____________________________________

8 Una señora (**S**) en la tienda de zapatos habla con el dependiente (**D**). Completa la conversación con la palabra correcta entre paréntesis.

D —Buenas tardes, señora. ¿En qué le puedo (**1**)_________________
   (llevar / servir)?

S —(**2**)_________________ (Busco / Uso) unos zapatos de tenis rojos
   para mujer.

D —¿Qué (**3**)_________________ (número / talla) usa?

S —(**4**)_________________ (Uso / Busco) el seis.

D —No tengo seis. ¿Cómo le (**5**)_________________ (parece / queda)
   el número siete?

S —Mal. Necesito una talla más (**6**)_________________
   (grande / pequeña).

D —Son las siete menos cinco. La tienda (**9**)_________________
   (cierra / es) a las siete.

Vamos de compras

CAPÍTULO 8 ◆

GRAMÁTICA 1

Costar, numbers to one million

- The verb **costar** means *to cost.* Use **costar** in the third person.
  La blusa **cuesta** diez dólares.   Los pantalones **cuestan** veinte dólares.

- You know the numbers up to 100. Here are some large numbers.

100	cien	600	seiscientos(as)
101	ciento uno	700	setecientos(as)
102	ciento dos	800	ochocientos(as)
200	doscientos(as)	900	novecientos(as)
300	trescientos(as)	1.000	mil
400	cuatrocientos(as)	2.000	dos mil
500	quinientos(as)	1.000.000	un millón (de)

- Use **uno** to mean *one* when counting. **Uno** becomes **un** before a masculine noun and **una** before a feminine noun regardless of whether the noun is singular or plural.
  Quiero **un** sombrero y **una** bolsa.
  Voy a escribir **veintiuna** tarjetas postales *(postcards)* para **veintiún** amigos.

- **Cien** and **mil** can be either masculine or feminine.
  cien casas y **cien** carros   **mil** hombres y **mil** mujeres

- **Cien** is replaced by **ciento** when it is followed by another number *(101).* When **ciento** refers to 200 or more, it agrees with the noun it modifies. **Mil** does not change.
  ciento cincuenta tiendas   **seiscientas** ciudades
  mil ocho casas   **cuatro mil** personas

- To say *two million* or more, use the plural **millones.** Use **de** after **millón** or **millones** whenever they are followed by a noun.
  un millón de pesos   **dos millones de** dólares   **un millón** doscientos pesos

9 La Última Moda store has a lot of clothing for men, women, and children. Write out the Spanish numbers to tell how much they have of each item.

MODELO pares de botas: 5.140 **cinco mil ciento cuarenta pares de botas**

1. abrigos: 120 ____

2. vestidos: 999 ____

3. chaquetas: 7.000 ____

4. blusas: 6.600 ____

5. calcetines: 9.100 ____

6. camisetas: 2.000.000 ____

Holt Spanish 1B   Cuaderno de vocabulario y gramática ◆

   (44)

CAPÍTULO

8 ◆

GRAMÁTICA 1

Demonstrative adjectives and comparisons

- **Este** *(this)* and **ese** *(that)* are **demonstrative adjectives,** which point out things. They agree in number and gender with the nouns they accompany. Use **este** for things that are very close and **ese** for things that aren't so close.

	Masculine	Feminine		Masculine	Feminine
this	**este**	**esta**	*these*	**estos**	**estas**
that	**ese**	**esa**	*those*	**esos**	**esas**

  Yo quiero **estos** zapatos pero no quiero **esas** botas.
  I want these shoes, but I don't want those boots.

- To compare people or things, use the following **comparative expressions.** The adjectives agree in gender and number with the object they describe.

  más (adjective) **que** *(more... than)*   Nosotras somos **más altas que** Rita.
  menos (adjective) **que** *(less... than)*   Ellos son **menos altos que** Raúl.
  tan (adjective) **como** *(as... as)*   Yo soy **tan alta como** Greta.

- Certain comparative adjectives are irregular.

  bueno(a) *good* → **mejor** *better*   **joven** *young* → **menor** *younger*
  malo(a) *bad* → **peor** *worse*   **viejo(a)** *old* → **mayor** *older*

- These expressions say whether one person does more, less, or as much as another.

  más que *more than*   Tú compras **más que** yo.
  menos que *less than*   Ustedes estudian **menos que** mis amigos.
  tanto como *as much as*   Yo duermo **tanto como** mi hermana.

---

10 Tell the clothing store clerk that you want the items that are close to you, but NOT the items far away from you. Follow the **modelo.**

MODELO **Quiero estos pantalones, pero no quiero esos pantalones.**

1. Quiero ________________ bolsa, pero no quiero ________________ bolsa.

2. Quiero ________________ traje, pero no quiero ________________ traje.

3. Quiero ________________ botas, pero no quiero ________________ botas.

11 Compara la ropa de Tom con la ropa de Rob.

Tom	camisa: $35	suéter: talla 10	sombrero $2
Rob	camisa: $30	suéter: talla 12	sombrero $2

1. La camisa de Tom es ____________ cara ____________ la camisa de Rob.

2. El suéter de Tom es ____________ grande ____________ el suéter de Rob.

3. El sombrero de Tom es ____________ barato ____________ el suéter de Rob.

GRAMÁTICA 1

12 Complete these sentences about Carolina and her cousins with comparative expressions.

1. Mi primo Carlos es _______________ *(older)* que yo.

2. Yo soy _______________ *(bigger than)* Carlos.

3. Betty come _______________ *(less than)* Carlos.

4. Carlos es _______________ *(as tall as)* Betty.

5. Mis primos no estudian _______________ *(as much as)* yo.

6. Sus notas *(grades)* no son _______________ *(as good as)* mis notas.

7. Mis notas siempre son _______________ *(better)*.

Quedar

- **Quedar** is used to tell how something *looks* or *fits,* and it is used the same way as **gustar** and **parecer.** Use **queda** for one thing and **quedan** for more than one thing.

(a mí) me **queda(n)**	(a nosotros/as) nos **queda(n)**
(a ti) te **queda(n)**	(a vosotros/as) os **queda(n)**
(a usted/él/ella) le **queda(n)**	(a ustedes/ellos/ellas) les **queda(n)**

  La camisa **me queda** pequeña, pero los pantalones **me quedan** bien.
  The shirt is too small for me but the pants fit well.

- **Quedar** may be followed by an adjective (such as **grande** or **pequeño**) or by an adverb (such as **bien** or **mal**). Remember that adjectives must agree with the noun or pronoun to which they refer. Adverbs do not change.

  ¿Los **zapatos** te quedan **grandes**? No, los **zapatos** me quedan **bien.**
  Are the shoes too large for you? No, the shoes fit me fine.

---

13 Your family is shopping for new clothes. Write the correct form of **quedar** or **parecer** to complete what everyone says. Follow the **modelo.**

MODELO Necesito un traje de baño más grande. Me **queda** pequeño.

1. Vamos a comprar estos abrigos. Nos _______________ bien.

2. Estos sacos cuestan $40. Me _______________ caros.

3. Tú no puedes comprar esa talla, Mamá. Te _______________ grande.

4. Alma no quiere una blusa morada. Le _______________ fea.

5. Necesito unas botas más grandes. Éstas me _______________ pequeñas.

6. Señor, ese suéter está muy grande. Le _______________ mal.

7. Ustedes deben comprar esas botas. Les _______________ muy bien.

Vamos de compras

14 Write the name of the type of store where you would buy each thing. Follow the **modelo.**

MODELO audífonos **la tienda de música**

1. aretes ____

2. tarjeta de cumpleaños _______________________________

3. discos compactos en blanco __________________________

4. sandalias ____

5. juguetes ____

15 Select the best expression to tell what Lina wants to do at the mall.

_____ 1. Primero, yo quiero ___ las vitrinas.
     a. mirar   **b.** comprar

_____ 2. Tengo mucho ___ para gastar.
     a. dinero   **b.** todo

_____ 3. Voy a ___ ropa para el colegio.
     a. ahorrar   **b.** buscar

_____ 4. Me gustaría ___ unos zapatos de tenis.
     a. comprar   **b.** gastar

_____ 5. Al mediodía, quiero comer en ___.
     a. la juguetería   **b.** la plaza de comida

_____ 6. Quiero ir al almacén donde ___ de todo.
     a. venden   **b.** miran

_____ 7. Por la tarde, me gustaría tomar ___.
     a. una pulsera   **b.** un batido

16 Circle the word that does NOT go with the other two.

1. anillos	DVDs	audífonos
2. tarjetas	libros	tienda de ropa
3. vender	ayer	comprar
4. aretes	pulseras	discos compactos
5. pagar	juguete	fortuna
6. aretes	heladería	batido
7. DVD	revista	disco compacto
8. zapatería	chaqueta	sandalias

   47

VOCABULARIO 2

17 Tell where you went in the mall yesterday, and why you went there. Follow the **modelo.**

    MODELO la librería **Fui a la librería a comprar una revista de tiras cómicas.**

    1. la tienda de ropa ____

    ____

    2. el almacén ____

    ____

    3. la heladería ____

    ____

    4. la plaza de comida _______________________________________

    ____

    5. la joyería ____

    ____

    6. la tienda de música _______________________________________

18 Hoy es jueves. Usa estas palabras para decir cuándo hiciste cada cosa: **anteayer, anoche, ayer, el fin de semana pasado** y **hoy.**

1. domingo:	*ir a mirar las vitrinas*
2. martes:	*ir al cine*
3. miércoles por la tarde:	*ir a la tienda de ropa*
4. miércoles por la noche:	*ir a cenar con mis amigos*
5. jueves:	*ir al trabajo*

    1. _______________________ fui a mirar las vitrinas.

    2. _______________________ fui al cine.

    3. _______________________ fui a la tienda de ropa.

    4. _______________________ fui a cenar con mis amigos.

    5. _______________________ fui al trabajo.

CAPÍTULO
8 ◆

VOCABULARIO 2

19 Write **a** if the second sentence in each pair is logical or **b** if it is illogical according to the context.

_____ **1.** Los zapatos son caros. —Sí, pagué una fortuna.

_____ **2.** ¿Adónde fuiste anoche? —Voy a ir al centro comercial.

_____ **3.** ¿Qué hiciste hoy? —Fui a la librería.

_____ **4.** ¿Quieres dejar un recado? —No gracias, que me llame después.

_____ **5.** ¿Qué hiciste ayer? —Anteayer fui a comprar unos discos compactos.

20 Rita wants to talk to Elsa, but her father answers. Complete their conversation.

El padre Bueno.

Rita Hola, ¿_______________________ Elsa?

El padre ¿_______________________ de quién?

Rita _______________________ Rita.

El padre No está. ¿Quieres dejarle _______________________ ?

Rita No gracias. _______________________ más tarde.

El padre Está bien. _______________________ luego.

Rita _______________________, señor.

21 Sonia calls Bruno on the phone. His brother Jaime answers. Read what Sonia says, then write Jaime's part of the conversation.

Jaime

Sonia

1. Aló.

2. _______________________   Hola. ¿Está Bruno?

3. _______________________   Es su amiga, Sonia.

4. _______________________   ¡Ay, no!

5. _______________________   No, gracias. ¿Está Juanita?

_______________________   Gracias.

   Cuaderno de vocabulario y gramática ◆

   49

Vamos de compras

The preterite of *-ar* verbs

- The **preterite** tense refers to what happened at a particular moment in the past. To form the preterite of **-ar** verbs, use the verb stem + these endings.

yo	gast**é**	nosotros(as)	gast**amos**
tú	gast**aste**	vosotros(as)	gast**asteis**
usted/él/ella	gast**ó**	ustedes/ellos/ellas	gast**aron**

> ¿Cuánto dinero **gastaron** ustedes hoy?
> *How much money did you spend today?*

- The **nosotros** form of some **-ar** verbs is the same for the present and the preterite. The context will tell you whether the sentence is referring to the present or the past.

> Nosotros **llamamos** a Alfredo ayer. Siempre lo **llamamos** los domingos.
> *We called Alfredo yesterday. We always call him on Sundays.*

- The **-ar** verbs that change their stem in the present don't change it in the preterite.

> Casi siempre **almuerzo** temprano pero hoy **almorcé** tarde.
> *I almost always have lunch early, but today I had lunch late.*

---

22 Rewrite the following sentences to tell or ask what these people did yesterday (**ayer**). Change the underlined verb to the preterite tense.

MODELO Ellos siempre compran ropa cara. **Ellos compraron ropa cara ayer.**

1. Nell y yo siempre hablamos por teléfono. _______________

2. Jacinto estudia los sábados. _______________

3. ¿Vosotros siempre tomáis refrescos? _______________

4. Tú y yo dibujamos los fines de semana. _______________

5. Mis padres almuerzan en el patio. _______________

6. ¿Tú juegas al tenis con Sofía? _______________

---

 (50)

GRAMÁTICA 2

The preterite of *ir*

- The preterite forms of **ir** *(to go)* tell where someone went in the past. These forms are irregular.

yo	**fui**	nosotros(as)	**fuimos**
tú	**fuiste**	vosotros(as)	**fuisteis**
usted/él/ella	**fue**	ustedes/ellos/ellas	**fueron**

  ¿Ustedes **fueron** al cine anoche?   *Did you go to the movies last night?*

- To ask *where* someone went, use **adónde** and the verb **ir.**

  ¿Adónde fuiste ayer?   ***Where** did you go yesterday?*

- To say *why* someone went somewhere, use **a** + an infinitive and the verb **ir.**

  Fuimos a comprar juguetes.   **Fuimos** a la juguetería **a comprar** juguetes.
  We went to buy toys.   *We went to the toy store to buy toys.*

---

23 You and your friends went shopping. Use the words below to write sentences telling where they went and why they went. Follow the **modelo.**

MODELO Nosotros / centro comercial / las vitrinas
  Nosotros fuimos al centro comercial a mirar las vitrinas.

1. Celia / tienda de música / un disco compacto

   ____

2. Julia y tú / librería / una revista

   ____

3. Yo / almacén / de todo

   ____

4. Los muchachos / zapatería / botas

   ____

5. Tú / heladería / batido

   ____

6. Nosotros / plaza de comida / pizza

   ____

24 Ask where everyone in your family went, using the preterite tense of **ir.** Follow the **modelo.** HINT: **Tu** and **tus** become **mi** and **mis** in your questions.

MODELO tus tíos **¿Adónde fueron mis tíos?**

1. tu mamá ___________________________________

2. tus hermanas ___________________________________

3. tu papá y tu abuelo ___________________________________

4. el perro ___________________________________

The preterite of *-ar* verbs with reflexive pronouns

- Use the preterite to talk about things that happened at a particular moment in the past or to narrate a sequence of events. When necessary, add the correct **reflexive pronoun.**

yo	**me** peiné	nosotros(as)	**nos** peinamos
tú	**te** peinaste	vosotros(as)	**os** peinasteis
usted/él/ella	**se** peinó	ustedes/ellos/ellas	**se** peinaron

Mi mamá **compró** los ingredientes y **cocinó** la comida.
My mother bought the ingredients and cooked the meal.

Esta mañana **me levanté** temprano y **me bañé.**
This morning I got up early and bathed.

---

25 Complete the following entry in Jorge's diary with the correct forms of the verbs in parentheses. Include a reflexive pronoun when appropriate.

1. Yo ________________________ (despertarse) tarde hoy.

2. Mi hermana ________________________ (levantarse) un poco después.

3. Nosotros ________________________ (bañarse) con mucha prisa.

4. Mi hermana no ________________________ (peinarse) el pelo.

5. Nosotros no ________________________ (arreglar) el cuarto.

6. Mi mamá ________________________ (preparar) el desayuno.

7. Al fin, mi hermana y yo ________________________ (llegar) al colegio.

26 Write two sentences for each set of words. Use the present tense to say what generally happens. Use the preterite tense to say what happened yesterday.

MODELO levantarse (mamá) **Mi mamá se levanta a las seis. Ayer se levantó a las siete y media.**

1. levantarse (yo) ________________________

____

2. cenar (mi familia) ________________________

____

3. acostarse (mis hermanos y yo) ________________________

____

¡Festejemos!

1 Lee las siguientes oraciones y escribe **c** (**cierto**) o **f** (**falso**) para cada una.

_____ **1.** En la Semana Santa muchas personas van a misa.

_____ **2.** El Día del Padre es en diciembre.

_____ **3.** El Año Nuevo no es un día festivo.

_____ **4.** Muchas familias festejan el Hanukah en la sinagoga o en el templo.

_____ **5.** Los niños reciben regalos en la Navidad.

_____ **6.** El Día de la Madre compramos regalos para Mamá.

_____ **7.** A veces las familias van a misa a la medianoche en la Nochebuena.

2 Write an X in the column of the holiday(s) you associate with each activity below. The first one has been done for you.

	Año Nuevo	Día de la Independencia	Navidad
abrir regalos			X
mandar tarjetas			
ver fuegos artificiales			
hacer una fiesta			
tener un picnic			
decorar con rojo, blanco y azul			
cenar con amigos en un restaurante			
decorar la casa			
ir a misa			
reunirse con la familia			

3 ¿Cuáles son los días festivos que festejamos en estas fechas? (Remember that many of the months in Spanish are spelled similarly to the months in English.)

1. el 25 de diciembre **la Navidad** _______________________

2. el 4 de julio _______________________

3. el 14 de febrero _______________________

4. el primero de enero _______________________

5. el 24 de diciembre _______________________

   (53)

4 Después de cada descripción, escribe qué día festivo festejan estas personas.

1. Hago un almuerzo para mi mamá. _______________________________

2. Toda la familia come pavo *(turkey).* _______________________________

3. La familia va a la sinagoga. _______________________________

4. Le mandan una tarjeta a su padre. _______________________________

5. Festejan a la medianoche. _______________________________

5 Number the sentences below 1–8 to indicate their order in a logical conversation. The first one is done for you. Key words have been underlined.

_____ —¿Qué tal estuvo?

__1__ —Hola, Marta.

_____ —¿Qué planes tienes para el Año Nuevo?

_____ —Pues lo pasé como siempre… con la familia en casa de mis primos.

_____ —Hola, Juan, ¿qué tal? ¿Cómo pasaste el Día de Acción de Gracias?

_____ —¡Fenomenal! El año pasado estuvo muy bien.

_____ —Estuvo a todo dar. Nos reunimos a festejar con la familia y a comer mucho.

_____ —Pienso hacer una fiesta. Quiero invitar a todos mis amigos como *(like)* el año pasado.

6 Complete the sentences with words from the box.

reunimos	pasarla	mando	pensamos
Estuvo	como siempre	picnic	

1. El Día de la Madre nosotros _______________________ hacer una fiesta.

2. El año pasado lo pasamos en casa de mis tíos _______________________.

3. Nos _______________________ a comer con toda la familia.

4. _______________________ a todo dar.

5. Si hace sol el Día de la Independencia, vamos a tener un _______________________ en la playa.

6. ¿La Nochebuena? Pensamos _______________________ con mis abuelos.

7. El Día del Padre yo le _______________________ una tarjeta a mi papá.

7 Pregunta *(ask)* dónde Jaime y Celia pasaron estos días festivos el año pasado.

1. ____

2. ____

3. ____

8 Tell where you and your family went on each holiday. Follow the **modelo.**

MODELO el Día de los Enamorados **Fuimos a un restaurante.**

1. el Día de la Independencia _________________________________

____

2. la Nochebuena ____

____

3. la Nochevieja ____

____

9 Susana tells you two things she and her family are going to do on each holiday. Write what she says on the lines below. The first one is done for you.

1. el Hanukah **El Hanukah pensamos ir a la sinagoga.**

También vamos a cenar en casa de mis abuelos.

2. el Día del Padre ____

____

3. el Día de Acción de Gracias _______________________________

____

4. la Semana Santa ____

____

     (55)

¡Festejemos!

CAPÍTULO 9 ◆

GRAMÁTICA 1

The preterite of -er and -ir verbs

- Use the **preterite** to talk about what happened at a specific point in the past.

	comer (to eat)	**recibir** (to open)
yo	com**í**	recib**í**
tú	com**iste**	recib**iste**
usted/él/ella	com**ió**	recib**ió**
nosotros(as)	com**imos**	recib**imos**
vosotros(as)	com**isteis**	recib**isteis**
ustedes/ellos/ellas	com**ieron**	recib**ieron**

¿Recibiste mi tarjeta?	Sí, la **recibí.**
Did you receive my card?	*Yes, I received it.*

- Note that in the preterite, regular **-er** and **-ir** verbs have the same endings. Stem-changing **-er** verbs don't change their stem.

¿Vuelves a casa temprano?	**¿Volviste** a casa temprano?
Do you return home early?	*Did you return home early?*

- **Ver** has regular preterite endings without written accents.

yo **vi**	nosotros(as) **vimos**
tú **viste**	vosotros(as) **visteis**
usted/él/ella **vio**	ustedes/ellos/ellas **vieron**

---

10 Marcos describe cómo pasó el Día de Acción de Gracias. Escribe la forma correcta del verbo entre paréntesis para completar su descripción. Usa el pretérito.

1. El Día de Acción de Gracias _______________________ (reunirse) en casa de mis abuelos.

2. Para el almuerzo _______________________ (comer) papas, verduras y un pavo *(turkey)* grande.

3. Mis primos _______________________ (beber) refrescos.

4. Por la noche mi primo _______________________ (ver) una película.

5. La película estaba *(was)* aburrida y yo no la _______________________ (ver).

6. Durante la película yo _______________________ (dormir) en el sofá.

7. Por la noche _______________________ (regresar) a casa.

8. ¿Tú también _______________________ (salir) en ese día?

Holt Spanish 1B

Cuaderno de vocabulario y gramática ◆

GRAMÁTICA 1

CAPÍTULO
9 ◆

Review of the preterite

- Compare the preterite forms of regular **-ar, -er,** and **-ir** verbs to the preterite of the irregular verb **ir.**

	cantar	**volver**	**escribir**	**ir**
yo	cant**é**	volv**í**	escrib**í**	**fui**
tú	cant**aste**	volv**iste**	escrib**iste**	**fuiste**
usted/él/ella	cant**ó**	volv**ió**	escrib**ió**	**fue**
nosotros(as)	cant**amos**	volv**imos**	escrib**imos**	**fuimos**
vosotros(as)	cant**asteis**	volv**isteis**	escrib**isteis**	**fuisteis**
ustedes/ellos/ella	cant**aron**	volv**ieron**	escrib**ieron**	**fueron**

Ustedes escrib**ieron** cartas.	*You wrote letters.*
Ustedes **fueron** al cine.	*You went to the movies.*
Vosotros cant**asteis** en la fiesta.	*You sang at the party.*
Tú volv**iste** a casa temprano.	*You went back home early.*

---

11 Complete María's description of her New Year's celebration with the correct preterite verb forms. Use the verbs from the box below.

comer	ir	ver	salir	cenar	regresar

En el Año Nuevo mis amigos y yo (1)_____________ a festejar.

Primero (2)_____________ a un restaurante.

En el restaurante (3)_____________ un arroz con pollo.

Miguel (4)_____________ un postre y las muchachas (5)_____________ helado.

Después yo (6)_____________ con ellas a una fiesta.

En la fiesta (7) nosotros _____________ a nuestros amigos.

Después de la fiesta todos (8)_____________ a sus casas.

12 Use the verbs given to tell what each person did on a holiday. Follow the **modelo.**

MODELO recibir (nosotros) **Nosotros recibimos una invitación a cenar.**

1. salir (tú) ____

2. escribir (usted) ____

3. asistir (él) ____

4. volver (ustedes) ____

5. beber (yo) ____

---

 (57)

Pensar que and pensar with infinitives

- The verb **pensar,** which means *to think,* is a stem-changing verb (**e** to **ie**).

yo	**pienso**	nosotros(as)	pens**amos**
tú	**piensas**	vosotros(as)	pens**áis**
usted/él/ella	**piensa**	ustedes/ellos/ellas	p**ie**nsan

> **Pienso** que vamos a llegar tarde a la fiesta.
> *I think that we're going to be late to the party.*

- Use **pensar** + an infinitive to tell what someone plans or intends to do.

> ¿Cómo **piensas** celebrar la Navidad?　　**Pienso** ir a una fiesta.
> *How do you plan to celebrate Christmas?*　　*I plan to go to a party.*

---

13 Tell what each person is planning to do on New Year's Day. Use **pensar** with infinitives in your statements.

MODELO Andrea va a estar muy contenta. **Ella piensa invitar a sus amigos a cenar.**

1. Yo voy a ver a toda la familia.

____

2. Nosotros vamos a escuchar música y bailar.

____

3. Tú vas a estar muy aburrido.

____

4. A ustedes les gusta mucho la música.

____

5. Felipe y Andrés no van a estar en casa.

____

14 The Lara family is preparing to have a party. Use **pensar que** to say what everyone thinks about their party chores.

MODELO Clara y Sandy van a lavar los platos.
　　　　　 Ellas piensan que es bastante injusto.

1. Rob va a decorar la casa. _______________________________________

2. Alicia va preparar la cena. _______________________________________

3. Alicia y Rob van a cantar con su hermano pequeño. _______________________

____

4. Vosotros vais a ver televisión en la fiesta. _______________________________

　（58）

¡Festejemos!

15 Escribe las palabras del cuadro en la lista correspondiente.

charlar	**graduación**	**decorar**	**galletas**
boda	**colgar la piñata**	**dulces**	**aniversario**
papitas	**enseñar fotos**	**mandar invitaciones**	**contar chistes**

Ocasiones especiales

____

____

____

Preparativos

____

____

____

En una fiesta

____

____

____

Comidas

____

____

____

16 Write a special occasion in Spanish to complete each sentence below.

1. Hoy mis padres celebran _______________
de su boda.

2. Ayer fue _______________ de Ana. Tiene 14 años.

3. El colegio celebra _______________ en el estadio
este viernes.

17 Carolina's brother is telling you about a party his family is having. Read the
paragraph, then mark the statements that follow **sí** or **no**.

Hoy vamos a hacer una fiesta quinceañera para Carolina. Es una fiesta
sorpresa. Ya compramos las decoraciones y ahora mi hermano y yo vamos
a colgarlas. Mamá limpió la casa y preparó empanadas. Mis amigos y yo
pensamos contar chistes y enseñar fotos. Los invitados van a llegar a las ocho.

_______________ 1. La familia piensa festejar la graduación de Carolina.

_______________ 2. Carolina está haciendo preparativos para la fiesta.

_______________ 3. Ya terminaron los preparativos.

_______________ 4. Los amigos van a venir a las ocho.

VOCABULARIO 2

18 Mayra worked very hard last night to prepare for this party she is having today. Fill in the sentences with words from the box. Base your choices on the drawing.

toca	**preparó**	**listo**	**colgó**
piñata	**todo dar**	**bailan**	

1. Todo está _________________________ para la fiesta hoy.

2. Anoche Mayra _________________________ todas las decoraciones.

3. También, ella _________________________ la comida y el ponche.

4. En esta fiesta Mayra no tiene una _________________________.

5. Ahora los jóvenes _________________________.

6. Una chica _________________________ la guitarra.

7. Todos los invitados piensan que la fiesta es divertida. La fiesta está a

_________________________.

19 Olga and Ernesto are giving a party, but nothing has been done yet. Ask them these questions. Choose the most appropriate word for each blank.

_______ **1.** Olga y Ernesto, ¿_____ terminaron los preparativos?
    a. ahora   **b.** ya   **c.** está

_______ **2.** Olga, ¿cocinaste _____ y las empanadas?
    a. las galletas   **b.** el ponche   **c.** la piñata

_______ **3.** Ernesto, ¿_____ las decoraciones?
    a. colgaste   **b.** mandaste   **c.** contaste

_______ **4.** ¿Y compraste _____?
    a. las fotos   **b.** los chistes   **c.** las flores

    60

CAPÍTULO

(9) ◆

VOCABULARIO 2

20 When do you use the following expressions? Write **a)** if the expression is used for greeting or **b)** if it's used for goodbyes.

_____ **1.** Chao.

_____ **2.** ¿Qué hay de nuevo?

_____ **3.** Te presento a mi amiga.

_____ **4.** Te llamo más tarde.

_____ **5.** ¡Tanto tiempo sin verte!

_____ **6.** Que te vaya bien.

21 You are talking to people at Karen's birthday party. Choose and write an appropriate response from the box for what each person says to you.

Lo de siempre.	**Vale. Que te vaya bien.**	
Tanto gusto.	**Cuídate.**	**¡Feliz cumpleaños!**

1. —Te presento a mis padres. _________________________________

2. —¡Hola! ¿Qué hay de nuevo? _________________________________

3. —Ésta es Karen. Hoy es su cumpleaños. _________________________________

4. —Chao. _________________________________

5. —Te llamo más tarde. _________________________________

22 ¿Qué les dices a estas personas en las siguientes ocasiones? Sigue el **modelo.**

MODELO Es el cumpleaños de tu hermano hoy.
   ¡Feliz cumpleaños!

1. Los padres de tu amiga celebran su aniversario.

____

2. Ves a un amigo después de muchos años.

____

3. Quieres presentar a tus padres a una amiga.

____

4. Vas a llamar a tu amigo después.

____

¡Festejemos!

Direct object pronouns

- A **direct object** is the person or thing that receives the action of the verb. It can often be replaced by a **direct object pronoun.**

Subject	Direct object	Subject	Direct object
yo	**me**	nosotros(as)	**nos**
tú	**te**	vosotros(as)	**os**
usted *(m.)*	**lo**	ustedes *(m.)*	**los**
usted *(f.)*	**la**	ustedes *(f.)*	**las**
él	**lo**	ellos	**los**
ella	**la**	ellas	**las**

　　¿Llamaste a **Juan**?　　　　　Sí, **lo** llamé ayer.
　　Did you call Juan?　　　　　*Yes, I called him yesterday.*

- Change the **direct object pronoun** if necessary when answering a question.

　　¿**Me** llamas más tarde?　　　Claro. **Te** llamo mañana.
　　*Will you call **me** later?*　　*Of course. I'll call **you** tomorrow.*

---

23 Dora celebrated Mother's Day in a restaurant. Rewrite each sentence, replacing the underlined words with direct object pronouns.

MODELO Yo invité a mis primas. **Yo las invité.**

1. El chef preparó comida italiana. _______________________

2. Yo comí sopa y carne. _______________________

3. Mamá no pidió pan. _______________________

4. Mamá vio a unas amigas en otra mesa. _______________________

5. Las amigas también vieron a Mamá y a mí. _______________________

6. Las amigas pidieron postres de chocolate. _______________________

24 Use informal commands and direct object pronouns to tell your brother what to do. Follow the **modelo.** Don't forget to attach the pronoun to the end of the verb and add an accent mark.

MODELO colgar globos *(balloons)*. **Cuélgalos.**

1. mandar las invitaciones _______________________

2. preparar el ponche _______________________

3. decorar la mesa _______________________

4. invitar a nuestros amigos _______________________

　62

GRAMÁTICA 2

Conocer and the personal *a*

- **Conocer** means *to know* or *meet* someone or *to know* a place or thing. Note that it is irregular in the **yo** form.

yo	**conozco**	nosotros(as)	**conocemos**
tú	**conoces**	vosotros(as)	**conocéis**
usted/él/ella	**conoce**	ustedes/ellos/ellas	**conocen**

   No **conozco** la comida chilena.
   I'm not familiar with Chilean food.

- When the direct object is a person rather than a thing, **conocer** and other verbs require the word **a** before the direct object. There is no translation for the word **a** used in this sense.

   ¿Conoces **a** mi hermana Sylvia?
   Do you know my sister Sylvia?

- The preposition **a** combined with the definite article **el** forms the contraction **al.**

   ¿Conoces **al** primo de Roberto?
   Do you know Roberto's cousin?

---

25 Manuel fue a México y escribió una tarjeta postal a su mamá. Complétala con las formas correctas de **conocer, conocer a** o **conocer al.**

Hola, Mami. Anteayer llegué a México y yo ya **(1)**_______________

toda mi familia mexicana. Carlos y Lupita **(2)**_______________

lugares *(places)* interesantes. Además, Carlos **(3)**_______________

mis primos. Hoy fui al Parque de Chapultepec con Lupita. Ella lo

(4)_______________ muy bien. Después fuimos a cenar.

Nosotros ya **(5)**_______________ el mejor restaurante de la

ciudad. Mañana vamos a **(6)**_______________ mejor amigo de

Carlos. ¡Chao! Manuel

26 Write answers to these questions using the correct form of **conocer.** Replace the underlined words with an appropriate direct object pronoun. Follow the **modelo.**

MODELO —Mamá, ¿yo conozco a tus invitadas de esta noche?
        —**No, no las conoces.**

1 —Jorge y Juan, ¿conocen a mi primo Pablo?

____

2. —Amalia, ¿tu prima conoce a las muchachas?

____

GRAMÁTICA 2

The present progressive

- The **present progressive** says what is happening right now. To form the present progressive, combine a conjugated form of **estar** with the **present participle.** The present participle is formed by replacing **-ar** with **-ando** and **-er** or **-ir** with **-iendo.**

  bailar→bail**ando**   beber→beb**iendo**

  Estamos bail**ando.**   Blanca **está** beb**iendo** agua.
  We are dancing.   *Blanca is drinking water.*

- If the stem of an **-er** or **-ir** verb ends in a vowel, change **i** to **y** to form the participle.

  leer→le**yendo**   Estamos le**yendo**. *We're reading.*

- Verbs ending in **-ar** and **-er** don't change their stem to form the participle. Stem-changing verbs ending in **-ir** (**pedir, dormir, venir, servir**) change **o** to **u** and **e** to **i.**

  d**o**rmir→d**u**rmiendo   p**e**dir→p**i**diendo

- Use the **simple present tense** instead of the progressive for **ir** and **venir.**

  ¿**Vienes** conmigo?   No, **voy** con ellos.
  Are you coming with me?   *No, I'm going with them.*

- Use **direct object pronouns** and **reflexive pronouns** before the conjugated form of **estar** or attach them to the end of the participle and add an accent mark on the stressed vowel.

  ¿Los tamales? **Los** estoy haciendo. Estoy haci**é**ndo**los.**
  Yo **me** estoy levantando. Estoy levant**á**ndo**me.**

---

27 Write each verb in the present progressive to say what these people are doing at the party.

   1. Yo _________________________ (leer) las tarjetas.

   2. Ustedes _________________________ (beber) el ponche.

   3. Carla _________________________ (servir) la cena.

   4. Tú _________________________ (charlar) con un amigo.

28 What are these people doing before the party? Use the present progressive and a direct object pronoun in your sentences. Don't forget the accent marks! Follow the **modelo.**

   MODELO Jazmín / servir / los refrescos **Jazmín está sirviéndolos.**

   1. Alonso / escuchar / la música _________________________

   2. Tú / comer / las papitas _________________________

   3. Elsa / peinarse _________________________

   4. Nosotros / colgar / las decoraciones _________________________

Holt Spanish 1B   Cuaderno de vocabulario y gramática ◆

                (**64**)

¡A viajar!

1 Choose the word that corresponds to each place in the airport where Elisa does the following things.

_____ **1.** Saca dinero.

_____ **2.** Hace cola para recoger el boleto.

_____ **3.** Da *(she gives)* unos dólares y recibe pesos.

_____ **4.** Se sienta para esperar el vuelo.

_____ **5.** Aborda su vuelo.

_____ **6.** Comienza el viaje.

a. el mostrador
b. la puerta
c. el avión
d. el cajero automático
e. la sala de espera
f. la oficina de cambio

2 Prudencia tiene todo preparado para su viaje. Completa cada oración para describir qué hace.

_____ **1.** Prudencia tiene su carnet de identidad en ___.
   a. los servicios   **b.** la salida   **c.** la billetera

_____ **2.** Ella hace cola en ___.
   a. el mostrador   **b.** la bolsa   **c.** la pantalla

_____ **3.** Prudencia le da *(gives)* su maleta ___.
   a. al pasajero   **b.** al agente   **c.** al vuelo

_____ **4.** El agente le da *(gives)* a Prudencia la ___.
   a. puerta de salida   **b.** oficina de cambio   **c.** tarjeta de embarque

_____ **5.** Prudencia espera en ___.
   a. la sala de espera   **b.** los servicios   **c.** el cajero automático

3 Hernán is going on a trip. Mark a check in the column labeled **salida** next to each statement that describes his departure. Mark a check in the column labeled **llegada** next to each statement that describes his arrival.

	salida	llegada
1. Factura el equipaje.		
2. Recoge la tarjeta de embarque.		
3. Pasa por la aduana.		
4. Va al reclamo de equipaje.		
5. Se sienta en el avión.		
6. Espera el vuelo en la puerta.		

 (65)

4 Sonia wrote this list of things to do for her trip to Madrid by plane. Put her list in order by numbering the items 1–8. Start with 1.

_____ enseñarle el carnet de identidad al control de seguridad

_____ esperar el avión en la sala de espera

_____ hacer cola en el mostrador

_____ abordar el avión

_____ facturar la maleta

_____ buscar el número de la puerta en la pantalla

_____ irse a Madrid

_____ hacer la maleta

5 A woman at the airport is helping Manolito with his first plane trip. Complete their conversation with words from the box. Use each expression once.

lo siento	**decir**	**allí**	**vuelta**
puede	**conseguir**	**sabe**	**viaje**

Manolito Perdón señora, ¿me puede **(1)**_________________ dónde está la sala de espera?

Señora Sí, está a la **(2)**_________________.

Manolito ¿**(3)**_________________ usted a qué hora sale el vuelo 506?

Señora No, pero lo **(4)**_________________ ver en la pantalla.

Manolito Y algo más. ¿Dónde se puede **(5)**_________________ un mapa?

Señora **(6)**_________________, no sé. Posiblemente **(7)**_________________ en la tienda.

Manolito Muchas gracias señora. ¡Buen **(8)**_________________!

      (66)

CAPÍTULO

VOCABULARIO 1

6 Your mother is very nervous about your first plane trip alone. You want to assure her that everything is fine. Choose the best response to her statements below.

_____ **1.** ¿Dónde está tu carnet de identidad?
   a. Lo tengo en mi bolsa.   **b.** No sé… no puedo encontrarlo.

_____ **2.** ¿Ya sacaste dinero?
   a. No, necesito dinero.   **b.** Sí, ya pasé por el cajero automático.

_____ **3.** ¡Ay! ¡Dejaste la cámara en casa!
   a. Puedo comprar una.   **b.** No te preocupes, es temprano.

_____ **4.** ¿Ya facturaste las maletas?
   a. Mis maletas están en el carro.   **b.** Sí, ya las facturé.

_____ **5.** ¡No veo ninguna silla en la sala de espera!
   a. No te preocupes, veo una allí.   **b.** No te preocupes, voy a acostarme.

_____ **6.** ¡Es muy tarde! ¡Creo que perdiste el vuelo!
   a. No, el avión todavía está en la puerta.   **b.** No, el avión ya salió de la puerta.

7 You've just come to visit your cousins. Write a sentence to say whether you have done or not done each thing. Use each expression in the box at least once. Be sure to use the preterite tense to tell things you already did.

Ya	Todavía tengo que	Debo

MODELO pasar por la aduana **Ya pasé por la aduana.**

1. recoger la maleta

____

2. encontrarte con tío Alfonso

____

3. conseguir un mapa

____

4. ir a la oficina de cambio

____

5. comprar una cámara desechable

____

6. buscar los servicios

____

¡A viajar!

Review of the preterite

- The preterite tense tells what happened at a certain point in the past. It also serves to narrate a sequence of past events.

  Harry **compró** un boleto, se **montó** en el avión y **comenzó** el viaje.
  Harry bought a ticket, got on the plane, and began the trip.

- These are the regular endings for the preterite forms of **-ar, -er,** and **-ir** verbs. Remember that **-ar** and **-er** verbs do not change their stem in the preterite.

	abordar	**perder**	**salir**
yo	abord**é**	perd**í**	sal**í**
tú	abord**aste**	perd**iste**	sal**iste**
usted/él/ella	abord**ó**	perd**ió**	sal**ió**
nosotros	abord**amos**	perd**imos**	sal**imos**
vosotros	abord**asteis**	perd**isteis**	sal**isteis**
ustedes/ellos/ellas	abord**aron**	perd**ieron**	sal**ieron**

Leo **perdió** su boleto y no **abordó** el avión.
Leo lost his ticket and didn't board the plane.

---

8 Choose the correct preterite verb to tell what you and your family did yesterday at the airport.

_____ 1. Jorge y yo ___ en el mostrador.
    a. nos reunimos   **b.** se reunieron

_____ 2. Yo ___ un helado en la sala de espera.
    a. comí   **b.** comió

_____ 3. Nuestros padres ___ la pantalla de las salidas.
    a. miramos   **b.** miraron

_____ 4. Jorge ___ por la puerta número dos.
    a. salió   **b.** salí

9 Write sentences with these words. Conjugate the verbs in the preterite tense. Add words that tell what these people did yesterday at the airport.

MODELO Antonio / esperar **Antonio esperó con su maleta.**

1. Lola y tú / recoger _______________________________________

2. Antonio / abrir _______________________________________

3. Carlos / perder _______________________________________

4. Lola y Juan / hablar _______________________________________

5. Yo / sentarse _______________________________________

    (68)

GRAMÁTICA 1

The preterite of -car, -gar, -zar verbs

• Verbs that end in **-car, -gar,** and **-zar** are irregular in the preterite **yo** form.
  Below are three of these verbs: **sacar** *(to take out, to get)*, **pagar** *(to pay)*, and
  comenzar *(to begin)*.

	sacar	**pagar**	**comenzar**
yo	saqué	pagué	comencé
tú	sacaste	pagaste	comenzaste
usted/él/ella	sacó	pagó	comenzó
nosotros(as)	sacamos	pagamos	comenzamos
vosotros(as)	sacasteis	pagasteis	comenzasteis
ustedes/ellos/ellas	sacaron	pagaron	comenzaron

Yo **saqué** dinero, **pagué** el boleto y **comencé** el viaje.
I took out money, paid for the ticket, and began the trip.

---

10 For each sentence describing Javier's bad experience at the airport, write one
about how well things went for you.

   MODELO Javier llegó tarde al aeropuerto. **Yo llegué temprano.**

   1. Javier no comenzó el viaje a tiempo. ____________________________

   2. Javier no sacó dinero. ____________________________

   3. Javier no almorzó. ____________________________

   4. Javier no buscó el vuelo en la pantalla. ____________________________

   5. Javier no pagó el impuesto *(tax)* del aeropuerto. ____________________________

   6. Javier perdió su cámara porque la colgó en una silla.

   ____

11 Complete Julia's note with the correct preterite forms of the verbs in parentheses.

Hola Mari. Ya estoy en el avión. (1)____________________ (llegar)

al aeropuerto temprano. Primero (2)____________________ (sacar)

mi boleto y (3)____________________ (facturar) la maleta. Después

(4)____________________ (buscar) la puerta de mi vuelo.

(5)____________________ (pagar) una revista en la tienda para leer

durante el viaje. En el avión (6)____________________ (encontrar) un

asiento *(seat)* al lado de la ventana y (7)____________________ (almorzar)

muy bien. ¡Qué bien (8)____________________ (comenzar) mi viaje! Julia

---

       (69)

CAPÍTULO
(10) ◆

GRAMÁTICA 1

The preterite of *hacer*

- **Hacer** *(to make, to do)* is irregular in the preterite. Don't forget that questions with **hacer** are often answered with another verb.

yo	**hice**	nosotros(as)	**hicimos**
tú	**hiciste**	vosotros(as)	**hicisteis**
usted/él/ella	**hizo**	ustedes/ellos/ellas	**hicieron**

> ¿Qué **hiciste** anoche? **Fui** al cine.
> *What did you do last night? I went to the movies.*

- Remember the weather expressions using **hacer.** In the preterite, **hace** in these expressions becomes **hizo.**

> Hoy **hace** buen tiempo. Ayer **hizo** frío.
> *It's nice today. Yesterday it was cold.*

- When referring to the past, the weather expressions **llueve** and **nieva** become **llovió** and **nevó.**

> Ayer no **nevó.**   Ayer **llovió.**
> *Yesterday it didn't snow.*   *Yesterday it rained.*

---

12 Look at this weather chart and write a description of last week's weather.

domingo	lunes	martes	miércoles	jueves	viernes
85°	70°	55°	41°	30°	32°

MODELO El domingo **hizo sol y calor.**

1. El martes ____

2. El miércoles ______________________________________

3. El jueves ____

13 Answer these questions using **hacer** in the preterite.

1. ¿Hiciste la cama esta mañana? Yo _______________________________

2. ¿Quién hizo la cena en tu casa anoche? ___________________________

   ____

3. ¿Cuándo hiciste la tarea ayer? Yo _______________________________

4. ¿Tus amigos y tú hicieron planes para el fin de semana? Nosotros ________

   ____

                    Cuaderno de vocabulario y gramática ◆

   (70)

¡A viajar!

14 Mira el horario *(schedule)* de Miguel para un día de vacaciones. Luego, escribe
c, cierto o **f, falso** antes de cada oración.

Mañana	Tarde
8:00 desayunar	12:00 almorzar en el zoológico
9:00 ir de pesca	2:00 ir a la oficina de correos
11:00 ir al zoológico	3:00 pasear en canoa en el lago
	5:00 acampar al lado del lago

___________ **1.** A las nueve Miguel tiene que ir al centro.

___________ **2.** Después de desayunar, Miguel pasea en canoa.

___________ **3.** Miguel ve muchos animales este día.

___________ **4.** Miguel va a acampar esta noche.

___________ **5.** Hoy Miguel va a recorrer la isla.

___________ **6.** Miguel va a mandar una tarjeta postal.

15 Look at the drawings. Then write a sentence that tells what each person is doing.

1.

2.

3.

4.

1. _______________________________________

2. _______________________________________

3. _______________________________________

4. _______________________________________

   Cuaderno de vocabulario y gramática ◆

   71

VOCABULARIO 2

16 Escoge el medio de transporte más lógico para cada persona.

_____ **1.** A Dora no le gusta el tráfico en el centro.

_____ **2.** Jazmín pasea por el río Mississippi.

_____ **3.** Julio va de California a Hawaii.

_____ **4.** Lourdes viaja de Lima a Cuzco.

_____ **5.** Daniel va de su casa al centro todos los días.

_____ **6.** Raúl lleva cuatro maletas al aeropuerto.

a. el barco
b. el tren
c. el taxi
d. el metro
e. el avión
f. el autobús

17 Pilar had a great summer vacation. Yolanda's vacation was terrible. Complete their conversation with words from the box. Use each word once.

diversiones	horrible	fue	por fin	acampé
qué tal	durante	hicieron	suerte	

Pilar   Hola, Yolanda. ¿(1)_________________ el viaje de verano?

Yolanda   ¡Fue (2)_________________!

Pilar   ¿Sí? Lo siento. Mi viaje (3)_________________ estupendo.

Yolanda   ¿Qué (4)_________________?

Pilar   Fuimos a cinco parques de (5)_________________.

Yolanda   Yo (6)_________________ pero llovió todos los días.

Pilar   ¡Qué mala (7)_________________! ¿No te divertiste

     (You didn't enjoy yourself) (8)_________________ el viaje?

Yolanda   Sí. Después de unos días (9)_________________ salió el sol.

18 Your mom wants to know how you're going to get around during your trip to San Francisco. Answer her questions using four different means of transportation. Refer to Activity 16 for a list of different types.

—Yo tengo que trabajar mañana, ¿cómo vas a ir al aeropuerto?

—(1)____

—Muy bien. Pero en San Francisco, ¿cómo vas a la casa de tu tío?

—(2)____

—Vas a ver la isla de Alcatraz, ¿no? ¿Cómo?

—(3)____

—¿Cómo vas a recorrer la ciudad?

—(4)____

   (72)

19 Belén is telling you about her vacation. Respond to each of her statements below with an appropriate exclamation.

_____ **1.** Llovió casi todos los días en Cancún.
     a. ¡Qué lástima!   **b.** ¡Qué bien!

_____ **2.** Un huracán *(hurricane)* pasó cerca pero no llegó a Cancún.
     a. ¡Qué lástima!   **b.** ¡Ah, tuviste suerte!

_____ **3.** El último día el sol salió y vimos las ruinas mayas.
     a. ¡Qué horrible!   **b.** ¡Qué fantástico!

_____ **4.** Por la noche fuimos a la playa a bailar.
     a. ¡Qué divertido!   **b.** ¡Qué mala suerte!

20 Your friends are going on vacation, but don't know what to do. Match their statements with the activity they should probably do.

_____ **1.** Me gusta comer pescado.   **a.** acampar

_____ **2.** Me gustan los animales.   **b.** pasear en canoa

_____ **3.** Me encanta el arte.   **c.** visitar un museo

_____ **4.** Quiero tomar el sol.   **d.** ir de pesca

_____ **5.** Me encanta el campo.   **e.** ir a la playa

_____ **6.** Quiero conocer el país.   **f.** visitar el zoológico

_____ **7.** Me gusta el agua.   **g.** ir de excursión

21 Use these words one time each in sentences to say that you want to go to each place.

algún día	conocer	suerte	espero	viaje

MODELO Perú **Algún día me gustaría hacer un viaje a Perú.**

1. un parque de diversiones _________________________________

____

2. las islas de Hawaii _________________________________

____

3. la ciudad de Nueva York _________________________________

____

4. Roma _________________________________

____

5. las montañas de los Andes _________________________________

____

    (73)

¡A viajar!

Informal commands of spelling-change and irregular verbs

- Some command forms of verbs that end in **-ger, -gir, -guir, -car, -gar** and **-zar** have spelling changes.

Verb ending	Change	Affirmative	Negative
-ger, -gir	**g** to **j**	reco**g**e	no reco**j**as
-guir	**gu** to **g**	si**gu**e	no si**g**as
-car	**c** to **qu**	bus**c**a	no bus**qu**es
-gar	**g** to **gu**	lle**g**a	no lle**gu**es
-zar	**z** to **c**	empie**z**a	no empie**c**es

No bus**qu**es mi equipaje ni reco**j**as mi maleta.
Don't look for my luggage, and don't pick up my suitcase.

- The informal command forms for the following verbs are irregular.

Verb	Affirmative	Negative
hacer	**haz**	no **hagas**
ir	**ve**	no **vayas**
poner	**pon**	no **pongas**
salir	**sal**	no **salgas**
ser	**sé**	no **seas**
tener	**ten**	no **tengas**
venir	**ven**	no **vengas**

Pon el equipaje en el taxi. No te **vayas** en autobús.
Put the luggage in the taxi. Don't go in a bus.

---

22 Sammy and his sister are vacationing in Boston. He wants to go out, but she wants to spend time at the hotel. Use each verb given to write a command that Sammy gives his sister.

1. Rosa, ________________________ (salir) conmigo a conocer la ciudad.

2. ¿No quieres conocer la ciudad? ¡No ________________________ (ser) perezosa!

3. ________________________ (venir) al museo conmigo.

4. No ________________________ (buscar) el dinero. Yo lo tengo.

5. ________________________ (empezar) a vestirte para irnos.

6. Llueve y hace frío. ________________________ (ponerse) las botas.

(**74**)

CAPÍTULO
(10) ◆

GRAMÁTICA 2

Review of direct object pronouns

- Direct object pronouns go either before a conjugated verb or after an infinitive.

  Éste es el museo. ¿**Lo** conoces? Vamos a visitar**lo**.
  This is the museum. Do you know it? We're going to visit it.

- The direct object pronoun is attached at the end of the verb in affirmative commands. In negative commands, it is placed before the conjugated verb.

  Allí está la cámara. Pon**la** en la bolsa. No **la** dejes en el hotel.
  There's the camera. Put it in the bag. Don't leave it in the hotel.

---

23 Answer each question. Use the clues in parentheses in your answers. Replace the underlined words with a direct object pronoun in your answers.

MODELO ¿Dónde consigo un boleto? (mostrador)
Lo consigues en el mostrador.

1. ¿Quién va a recoger las maletas? (Julia)

   ____

2. ¿Dónde pusiste la cámara? (bolsa)

   ____

3. ¿Dónde busca Juan la puerta? (pantalla)

   ____

4. ¿Dónde enseñan los pasaportes? (aduana)

   ____

5. ¿Perdió Ana el vuelo? (no)

   ____

24 Use the verbs in parentheses to tell Marco what to do. Make affirmative or negative commands. Use direct object pronouns with the commands.

MODELO Marisa quiere la maleta. (traer) **Tráela.**

1. Sandra no está en el hotel. (no llamar) _______________________

2. Tú quieres visitar a tus amigos. (visitar) _______________________

3. Yo necesito el boleto. (traer) _______________________

4. El almuerzo en el hotel está riquísimo. (comer) _______________________

5. Teresa y Marta no necesitan el taxi. (no conseguir) _______________________

6. Quieres unas fotos. (sacar) _______________________

Review of verbs followed by infinitives

• Use these verbs + an infinitive to express wants, hopes and plans.

me (te, le...) gustaría	*would like to*
me (te, le...) gustaría más	*would prefer to*
querer	*to want to*
esperar	*to hope to*
pensar	*to plan (intend) to*

Me gustaría recorrer la ciudad.	*I would like to tour the city.*
Los jóvenes **quieren salir.**	*The young people want to go out.*
Espero ir de compras.	*I hope to go shopping.*
Pensamos regresar temprano.	*We plan (intend) to return early.*

• **Tener que** + an infinitive means that someone has to do something.

Tengo que trabajar pero me gustaría más pasear en bote de vela.
I have to work, but I would prefer to go sailing.

25 Mark **a** if the sentence talks about a **desire.**
Mark **b** if the sentence talks about a **necessity.**

_____ 1. Tengo que comprar unos boletos mañana.

_____ 2. A Tía Rosario le gustaría visitar las ruinas incaicas.

_____ 3. Eduardo y Carlos esperan recorrer Europa en bicicleta.

_____ 4. Roberto y tú tienen que pasar el verano en la ciudad.

_____ 5. Marina piensa pasear en lancha.

_____ 6. Yo quiero viajar a Florida.

_____ 7. Tenemos que quedarnos en un hotel en el centro.

26 Answer these questions in Spanish about your own vacation plans.

1. ¿Qué quieres hacer este año para las vacaciones? _______________________

____

2. ¿Adónde te gustaría viajar? _______________________________________

3. ¿Piensas ir al zoológico? ____

4. ¿Te gustaría más ir a un museo o a un parque de diversiones? _________

____

5. ¿Esperas sacar muchas fotos? ______________________________________

____

     (76)